Dichterstube

Dichterstube

Kehricht
Band 1

von Helmut Barthel

Helmut Barthel, "Dichterstube, Kehricht Band 1"
© Helmut Barthel
Alle Rechte vorbehalten

Rechte für diese Ausgabe:
MA-Verlag, Stelle-Wittenwurth
ma-verlag@gmx.de
1. Auflage 2016

Satz, Layout und Umschlaggestaltung:
MA-Verlag
Bildnachweis: © MA-Verlag

ISBN 978-3-925718-26-7

Frieden, lieber Frieden,
so ein leichtes, kleines Wort,
von der Welt verschieden,
ohne Platz und ohne Ort.
(H.B.)

1. Kosmos, Natur, Wissenschaft und Technik

Kosmos

Kalt

Dunkelheit wär' nicht das Ende,
eher wohl ein scheues Licht,
das auch dort noch etwas fände,
wo der Glanz der Augen bricht.

Finsternis ist Schlaf beim Träumen,
denn sie spiegelt sich in allen
Nischen, Falten oder Räumen,
wohin auch die Reste fallen.

Überreste aus den Zeiten,
die so unergiebig waren,
daß sie ins Vergessen gleiten
oder in die Hölle fahren.

Denn die Hölle speist das Feuer,
und mit Explosionsgewalt
schmerzgetrieben und zu teuer
blüht des Himmels Vielgestalt.

Finster, dunkel, hell und licht
ist der Kosmos und uralt,
also herrscht er - jedoch nicht,
wenn es still wird oder kalt.

Odyssee 2001

Bleibt vom Abendstern das eine,
daß er blinkt von so weit weg,
uns erreicht mit seinem Scheine
wohl im dunkelsten Versteck.

Wenn der Abendstern das kann,
sich durch 's All hindurchzulesen,
fragt sich nur, wer irgendwann
seinen Glanz trägt von den Wesen,
und die Kälte transportiert,
die durch keinen Widerstand
ihre Zauberkraft verliert,
auch nicht durch des Menschen Hand.

Menschenwerk, das ist vergänglich
und verbrennt auf seiner Bahn,
weil besonders unzulänglich
und gebor'n von Not und Wahn.

Nur die Ferne kann beweisen,
ob der Ursprung sich auch hält,
wenn er über lange Reisen
nicht zu Zeit und Raum zerfällt,
und als Schimmer, kalt und fern,
wo er immer trifft und bleibt,
sein Gesicht als Abendstern
in den neuen Aufbruch schreibt.

Einsteinfrei

Unser Universum ist
eine Blase unter vielen,
welche, wie ihr sicher wißt,
Schaum im Multiversum spielen.

Dieses Universum bleibt,
wie die Wissenschaft es will
und in ihre Bücher schreibt,
stets im Wandel oder still.

Heißt es doch in jedem Fall,
eine große Explosion
und der erste laute Knall
war'n des Schöpfers Arbeitslohn.

Haben Einstein und Kollegen
diesen Irrtum kultiviert
und nach langem Überlegen
wissenschaftlich havariert,

bleibt bei allem großen Frust
eine Sicherheit dann doch,
Schöpfer Gott hat's nicht gewußt,
und sein Logos hat ein Loch.

Ur Sprung

Weltraumkälte ist die Wiege
für das Feuer aller Sterne,
und der Brand gelangt zum Siege,
nährt und zehrt sich in die Ferne.

Eine Ferne, die nicht endet,
denn sie kehrt zum Fraß zurück,
wo sie sich zum Fresser wendet
als Gebiß und Beutestück.

Es ist schwer und nicht zu fassen,
solch ein Bildnis anzuseh'n
und nicht alles fall'n zu lassen,
aus der Not, doch zu versteh'n.

Suchst du, Mensch, deshalb die Gründe
für das Schicksal deines Seins,
zeugst du abermals die Sünde
von der Wirklichkeit des Scheins.

Ewig, nichts und immer, nie
als die Kette loser Teile,
gleitet fort zum Wann und Wie
wächst der Hebel aus dem Keile.

Glockenspiel

Der Himmel ist ein Glockenspiel
und all sein ganzes Klingen
lenkt sich doch ab und sucht sein Ziel
in ungezählten Dingen.

Die Wellen in der Brandung,
das Sausen im Geäst,
der Vogel bei der Landung,
die Menschen auf dem Fest.

Die Tropfen auf der Erde,
der Regen in der Luft,
der Landwirt, der die Herde
zur Melkmaschine ruft.

Das heimliche Getuschel,
das nur kein Fremder hört,
das Rauschen in der Muschel,
die Autobahn, die stört.

So viele Einzelheiten
und unterschiedlich laut,
die sich im Raume streiten,
den die Akustik baut,
erfüllen Geist und Sinne
mit Lärm und Vibrationen
und wie im Netz der Spinne
als Informationen,

die steuern und die streben
und führen zur Aktion
und pflanzen sich daneben
fort als Geräusch und Ton.

Und treffen sich aufs neue
im himmlischen Gemenge
und auswegloser Treue
zu produktiver Enge.

Das schwarze Loch

Am schwarzen Loch,
so heißt es schon immer,
ereignet sich doch
im tosenden Schimmer
ein Zerren und Reißen
in berstender Front,
wo Sonnen vergleißen
am Knallhorizont.

So leer wie das All,
so dicht seine Masse
im sicheren Fall
der Schwarzlöcherklasse,
die Anziehungskraft
ist derart gewaltig,
daß das, was es rafft,
verstrahlt wird und faltig,
sein Einfluß zerstörend,
die Saugstärke groß,
füllt 's weltenbetörend
den finsteren Schoß.

Doch könnt' es nicht auch,
den Aufprall als Grund,
wie Feuer und Rauch,
wie Katze und Hund,
das Leichte bewegt
und plötzlich verteilt,
nach außen verlegt,
in Fernen geeilt

wie etwa ein Hammer
mit schwindender Wucht,
gebremst in der Kammer
vergeblicher Flucht,
zurück bei den ander'n
in Gleichstand und Stille,
nicht mehr schneller wandern,
und das ist sein Wille,
mit ihnen gemeinsam
fortan nun beharren
und mal wieder einsam
in Abgründe starren,
um schließlich zu stürzen
in den einen Schlund,
des Ränder sich schürzen
zum kosmischen Mund.

So wär' es ein Pfropfen
und ein wenig Schwere,
den Hunger zu stopfen
von gähnender Leere.

Doch wie kann ein Pfropfen
inmitten des Alls
die Leere verstopfen
wie Nahrung den Hals?

Das tut es auch nicht,
es hilft nur beim Fressen
von Dunkel und Licht
und wird nichts vergessen.

Im kosmischen Köcher,
dem Mahlstrom sei Dank,
gibt's viel' schwarze Löcher,
die fressen ihn krank.

Der tote Stern

Du glaubst es nicht, wie groß er ist,
und niemand wird verstehen,
wie er den Glanz der Ferne frißt,
den wir als Weltall sehen.

Die Wissenschaft macht sich ihr Bild,
doch dieses wird nur irren,
Ausmaß und Kraft, die sind so wild,
daß sie den Sinn verwirren.

Und was er immer trifft und schlägt,
ist doch am selben Orte,
wo er den Rest der Welten trägt,
wie uns're Zunge Worte.

Der tote Stern, die Dunkelheit,
wir können es nicht ahnen,
die Fläche gar, unendlich weit,
den Weltenrest zu mahnen.

Wo er auch sei, er muß nie kommen,
er hat, danach und auch zuvor,
das Übrige bereits genommen
und ist das pfostenlose Tor.

Was du auch zählst und was du weißt,
du kannst dich drauf verlassen,
nur wenn dir klar ist, wie er heißt,
wirst du das Rätsel fassen.

Natur

Ruhe

Der Wind zieht weiter,
still treibt das Boot
ohne Begleiter
ins Abendrot.

Die Beere

Vor des Himmels grauer Leere,
zwischen einem Blatt und dem Geäst,
schrumpelt meine Vogelbeere
als ein unansehnlich schwarzer Rest.

Ich hab' sie vom ersten Hoffen,
daß sie keimt und gut gedeiht,
schon bei der Geburt getroffen,
die der Knospe Zukunft leiht.

Immer war ich schon gespannt,
wie die eine Beere bald,
weil ich sie so früh erkannt,
vortritt aus dem Beerenwald.

Und so sicher war ich mir,
wie die ander'n sich auch gaben,
dieses Schrittchen glückte ihr
als der Taube unter Raben.

Wie hat es mich da erschreckt
und so tief und schwer verletzt,
widerwillig aufgeweckt,
als man mich in Kenntnis setzt,
daß, als ich für ein paar Wochen
unterwegs im Urlaub weilte,
gerade dieser Ast gebrochen,
weil die Leiter sich verkeilte.

Jener, von dem ich wohl glaubte,
daß er noch die Beere trug,
war es, der mir alles raubte,
als die Wirklichkeit mich schlug.

Wenn ich jetzt ans Fenster geh',
und mein Blick ruht auf den Zweigen,
will sich mir, so weit ich seh',
auch kein schwarzer Rest mehr zeigen.

Honig

Bienen sammeln immerzu,
stäuben ab und fruchten auf,
lassen keiner Blüte Ruh',
nähren sich vom Sonnenlauf.

Sonnenschein erweckt die Keime,
Pflanzen aller Art entsteh'n,
wurzeln tief im Erdenheime,
jeder kann sie wachsen seh'n.

Und das Licht der Sonne nährt
ihre Vielfalt und ihr Streben,
und das Erdreich, umgekehrt,
füttert sie mit seinem Leben.

Bienen tragen es ins Nest,
um sich damit zu erhalten,
für die Imkerei ein Fest,
wenn sie ihren Fleiß entfalten.

Zuckerlösung und Betrug
bringen Bienen über'n Winter,
wenig Aufwand ist genug,
denn ihr Fleiß kommt nie dahinter.

Imker mag das Pflege nennen,
was er über Jahre treibt,
welche Schmerzen soll er kennen,
wenn er Lieferscheine schreibt?

Ist das Los der Zuchtinsekten,
um die Ernte hart geprellt,
die sie sonst so gut versteckten,
nicht auf's grausamste bestellt?

Frühling, Sonne, gut geschützt,
auch wenn's draußen stürmt und schneit,
wird wohl klar, der Necktar nützt
ihrer halben Lebenszeit.

Mit dem Zucker als Ersatz
raubt der Mensch den Bienen nicht
nur im Dasein ihren Platz,
sondern auch das volle Licht,
das für jeden wichtig ist
und von Sorgenlast befreit,
die sonst schmerzt und Freude frißt
von verdienter Lebenszeit.

Meine Schmerzen also auch,
die ich deshalb sehr begrüß',
füllen irgendeinen Bauch,
dennoch schmeckt mir Honig süß.

Lichtflug grün

Es ist der Schritt, die Fahrt, das Rollen,
das uns verwehrt bleibt dauerhaft,
uns blätterhellen Wurzelknollen,
liegt nur an uns'rer grünen Kraft.

Die grüne Kraft liegt in der Scheide,
im Unterschied vom Licht im Licht,
sie gleicht doch nicht dem Strich der Kreide
denn mehr dem Wort, das Töne bricht
und dessen Sinn schon weit zuvor
sich im Gehirn zusammenbraut,
bevor es eindringt in das Ohr
als ein vollendet kurzer Laut.

Schneller als Gedankenblitze
reise ich von Zeit zu Ort,
jede Blatt- und Nadelspitze
hält die Horizonte fort.

Denn das Wort begrenzt der Schall
und den Fuß die kurze Meile,
ich bin grün und überall,
voll präsent und ohne Eile.

Denn man trifft mich jederzeit,
schon von Anbeginn und immer,
blattbewegt und still bereit
als der Pflanzen grüner Schimmer.

Freiwild

Will der Baum mit seinen Zweigen
Menschen auf der ganzen Welt
über Wipfelfinger zeigen,
was den hohen Himmel hält?

Will der Stein, massiv und schwer,
daß sich and're nach ihm bücken,
oder möchte er vielmehr,
wo er liegt, auch recht erdrücken?

Will der Vogel, wenn er fliegt,
übrigens doch nur beweisen,
wer den Himmelsraum besiegt
und benutzt für seine Reisen?

Will der Fisch mit Dauerschwimmen,
daß er sich für Sport bewirbt,
und sich seine Flossen trimmen,
bis er vielleicht daran stirbt?

Will der Löwe, wenn er brüllt,
daß man's hört im ganzen Land
und sich schnell in Schweigen hüllt
und verrieselt wie der Sand?

Spannungsbögen, die sich lösen,
außen reizbar reguliert,
gute Pläne wie die bösen,
nur von Zug und Druck regiert,

lassen immerhin noch offen,
daß wohl jede Kreatur
für sich denken kann und hoffen,
sie verkörpert' die Natur.

Die Wurzel

Der Himmel, den die Wurzel findet,
das ist die Umkehr in der Flucht,
das Erdreich, dem sie sich entwindet,
der feste Halt, den sie dort sucht.

Sie siedelt sich in leeren Spalten
und speist vom Abfall der Natur,
den kompostierenden Gewalten,
des Lebenskampfes Todesspur.

Ihr Wuchs und Streben,
ihr festes Heim,
ihr Überleben
in Trieb und Keim
hat Teil am Ganzen
der Nahrungskette,
im Reich der Pflanzen
als Höllenwette.

Walfang

Flosse und Schwanz
in sprühender Gischt
haben mich ganz
tief drinnen erwischt.

Die Quelle

Was ist schon die Quelle,
das sprudelnde Naß
an felsiger Stelle,
im saftigen Gras?

Das dumpfe Rauschen
im tiefen Gestein,
Höhlen, die lauschen
dem Wasser allein,

gesickert, geronnen,
durchs Erdreich getrieben
und Reinheit gewonnen
vom sandigen Sieben,

gesammelt in Mulden,
in Höhlen gefangen
und Fristen erdulden,
ans Licht zu gelangen,

dort sprudelnd ergießen
in Bäche und Flüsse,
in Meere zu fließen,
aufsteigen für Güsse.

Wo ist nun die Quelle
denn wohl ganz genau
als ewige Schwelle
und stetiger Stau?

Dort wo der Durst sie dazu zwingt,
zu erscheinen, ihn zu nähren,
auf daß er unabsehbar trinkt,
Trockenheit in Naß zu kehren.

Ökowut

Der Regentropfen, winzigklein,
er reitet nicht mehr auf dem Wind,
er schneidet ihn so wie ein Stein
und sprengt sich auf der Erde blind.

Ein Sonnenstrahl, einst freundlichwarm,
durchbricht die Schichten uns'rer Luft,
die, sauerstoff- und frischearm,
noch vor ihrem Verbrauch verpufft.

Am Boden ist die Erde trocken,
verkarstet und verbrannt zugleich,
kein Halm ist ihr mehr zu entlocken,
sie ähnelt schon dem Wüstenreich.

Es ist des Tags besonders hell,
die Menschenhaut verbräunt und brennt
und altert ganz geschwind und schnell,
wie man's von früher her nicht kennt.

Nichts bleibt gleich, so heißt es doch,
die Natur, sie treibt voran,
nur die Spuren zeigen noch,
was sie auch zerstören kann.

Wenn der Mensch den Wandel ehrt
und zur Wendegottheit betet
und sich nicht dagegen wehrt,
wird auch er von ihr gejätet.

Nicht voran und nicht zurück
und von keinem Wind verweht,
hält der Mensch sich Sieg und Glück,
wenn er bleibt und widersteht.

Augenlicht

Feinstaub, Gifte, Emissionen
und der Platz, sie zu erschaffen,
hat die Menschen, die hier wohnen,
freigemacht vom Fels der Affen.

Götter und die Lebensbrücken,
die waren schnell zerbrochen,
und aus Spalten und den Lücken
kommt die Gefahr gekrochen.

Der Mensch spürte allmählich nur,
daß das nicht seine Welt sein kann,
und ruft verzweifelt die Natur,
die seinesgleichen irgendwann
verteidigt oder aber hält,
wenn sich durch nichts mehr leugnen läßt,
daß seine Art und seine Welt
nur noch verweilt als letzter Rest.

Denn wenn die fremde Welt entsteht,
und sich unverwässert zeigt,
die Menschheit aber untergeht
und der Knochenfiedler geigt,
dann wird ins Erdarchiv gebrannt:
Der Menschheit war zu jeder Zeit
das Schlimme, das sie tat, bekannt.
Sie hat sich ohne Welt befreit
und des Himmels Augenlicht
mit eigner Hand zerrissen.
So sah sie die Gefahren nicht,
es gab nicht Rat noch Wissen.

Wipfeltraum

Ein Baumrest steht verwittert
im Wald auf feuchtem Grunde,
ein grüner Zweig, der zittert
und greift in seine Stunde.

Der Wind, der mag wohl spielen
mit seinen jungen Blättern,
als welche von den vielen,
die in den Bäumen klettern.

Nicht schafft er so Bewegung
mit seinem frischen Strich,
das Grün und die Erregung,
die holt der Zweig aus sich.

Ein jedes Tier, das wittert,
das riecht und schmeckt das Streben,
wenn dieser Zweig erzittert
nach Luft und Licht und Leben.

Man sagt, es wachsen Bäume
so wie die Erde will,
wie aus dem Wasser Schäume,
wohl seelenlos und still.

So dann wie immer wieder
versäumt der Mensch die Zeichen,
beugt sich ein Baum hernieder,
ihn direkt zu erreichen.

Der grüne Zweig am toten Baum
schafft es vielleicht nach oben
zum kronenstarken Wipfeltraum,
die Freundschaft auszutoben.

Flüstern

Hat nicht im Walde am frühen Morgen
das Parlament aller Federn getagt,
hat es nicht nach dem Grund seiner Sorgen,
dem großen technischen Fortschritt, gefragt?

"Nein", sagt der Förster, "sie haben wie oft
gezwitschert, geträllert und gesungen,
der Mensch ist 's nur, der zu hören erhofft,
sie sprächen zu ihm in ihren Zungen."

Hat nicht im Sturme der Wind gesprochen,
in einem Mantel aus Blitzen getarnt,
und jeder hat den Schwefel gerochen;
wurd' nicht von alters her stets so gewarnt?

"Nein", sagt der Fachmann, "die vielen Winde
auf lange Zeitlinien relativiert,
erklären 's sogar dem kleinen Kinde,
das dann den Sinn und die Regeln kapiert."

Hat nicht Wasser gemurmelt im Regen
und auch im Strom seine Kraft durchgesetzt,
gar mit stetem Druck und Wellenschlägen
Deiche, Schutzwälle und Mauern zerfetzt?

"Sicherlich, klar, auch das ist geschehen,
doch hab'n wir die Chance immer genutzt,
konnten hernach das ganze verstehen,
der nächste Deich hat dem Wasser getrutzt."

Bald schon, versichert uns der Experte,
wird kein Wind und kein Wetter mehr stören,
denn im Knebel von Technik und Härte
können wir sie dann auch nicht mehr hören.

Ein jedes Quentchen unseres Strebens
sollte dann frei und verfügbarer sein,
für 's System und die Zukunft des Lebens,
traumresistent und labortechnisch rein.

Blutstaub

Blutstaub fällt auf harten Boden,
wäschetrocken weht der Wind,
ausgebrannte Wiesensoden
dort, wo Menschen nicht mehr sind.

Plagen, ganz wie in der Bibel,
für das neue Menschensein,
ängstlich, fleißig und flexibel,
ausgebeutet bis aufs Bein.

Menschen, die sich ihren Schindern
opfern und des Hungers sterben,
keine Zukunft bleibt den Kindern,
die nur noch das Elend erben.

Die Natur, die grausam ist,
sie gebiert ein Ungeheuer,
solches, das die Seinen frißt
und die Welt beherrscht mit Feuer.

Auch der Mensch könnte gebären
und die Macht der Parasiten
niederreißen und sich wehren
und dem Raub die Stirne bieten.

Schwerkraft

Solang in seinen Weiten
auch nur ein Körnchen rastet,
bleibt es für lange Zeiten
vergeßlich und belastet.

Es sind Unendlichkeiten,
die so ein Korn durchmißt,
um Tiefen zu durchschreiten,
die das Vergessen frißt.

Das Weltall wird sich winden
in diesen tiefen Räumen
und kann es doch nicht finden,
auch nicht in seinen Träumen.

Und sollte dem entgegen,
weil das die Welt zerreißt,
das Korn ins Abseits fegen,
so ist es dann sein Geist,
der sich noch einmal weitet,
nach oben, unten, hinten, vorn
das Abseits überschreitet
und wieder neu beginnt als Korn.

Sonnentanz

Wenn sich die Sonnenkrone bläht
und schleudert ihren Glanz ins All,
wo dann ihr heißer Odem weht
mit planetarem Widerhall.

Wenn Feuerzungen eruptiv
und damit die Ernährer weichen
nach draußen in die Fernen tief,
wo kalte Fresser gierig schleichen,
zu verschlingen und verzehren,
wogegen doch nach allem Schein
sich grade Sonnenhaufen wehren,
um nicht verteilt im Nichts zu sein.

Wie die Sonne uns'rer Erde
Mutter vieler Kinder ist,
Quelle war und Zukunft werde,
siegen will mit jeder List.

Bei allen Mühen um's Gelingen
ist es doch keinesfalls gewiß,
daß ihrem atomaren Ringen
nicht lange schon der Faden riß.

Weil mächtige Protuberanzen
um schwarze Flecken ihrer Haut
verlustreich Energien vertanzen,
die jenes Weltall schnell verdaut.

Dann sollten Bedenken weichen,
dem Tode ins Gesicht zu sehen,
grade seinen ersten Zeichen
kann man damit noch widerstehen.

Weltraumkälte trotz der Wärme,
trock'ne Nebel früh am Tage
und zur Unzeit Mückenschwärme,
Schleimhautreize, Hustenplage;
Brennglaslöcher auf den Blättern,
grüne Keime, fast verkohlt,
Pilze, die wie Ranken klettern,
bis den Baum der Wahnsinn holt;
spröde Haut, verstrahltes Laub
oder feuchte Abendnebel
gut vermischt mit Straßenstaub,
wie ein umgekehrter Hebel.

Wenn, was immer schon gehalten,
langsam auseinanderfällt,
haben größere Gewalten
etwas auf den Kopf gestellt.

Darum werde ich sie rufen,
die man nicht beim Namen nennt,
jene, die die Feuer schufen,
noch bevor mein Wort verbrennt.

Hüllen

Ruf und ruf und ruf und schrei,
niemand da, um dich zu hören,
Not, die rauscht am Quell vorbei,
und der Fluß läßt sich nicht stören.

Wasser, rein und unbefleckt,
strömt aus seiner Spalte,
doch am Ufer, sehr verdreckt,
sickert 's in die Falte.

Stimmen, die einst Worte trugen,
Worte, die noch sprachen,
hielten nicht in ihren Fugen,
lösten sich und brachen.

Jeder Schrei in der Natur
sagt den Artgenossen: "Flieht!"
Du bist 's nicht, der and're nur,
und dein Horizont, der zieht.

Draußen, stets nach draußen leben,
und die Angst, die halte fern,
immer fort und weiter streben,
sonst erschlägt er dich, der Kern.

Denn es ist deine Dauerflucht,
die ihn dir raubt, den letzten Halt,
die dich zerreißt mit ihrer Wucht,
und du wirst keine Spanne alt.

Und der Abgrund, der uns allen
aus der fremden Ferne droht,
der, in den wir ewig fallen,
vor und bei und nach dem Tod,
wird den letzten Laut verschlingen,
noch bevor der widersteht,
und mit seiner Hülle ringen,
bis sie ganz im Nichts verweht.

Spiegellos

Im Spannungsfeld des Wandels,
am Widerspruch des Seins,
im Jahrmarktsduft des Handels,
am Wohlgeschmack des Scheins
zerplatzen alle Blasen,
reibt sich der Kosmos auf,
zergliedert sich zu Phasen
in seinem Lebenslauf.

Sind es Naturgewalten,
so wie der Mensch sie sieht,
die alles das gestalten,
was in der Welt geschieht?

Daß Glut und Ascheregen,
wenn der Vulkan ausbricht,
ein Dorf zu Schutt zerlegen
unter der Lavaschicht?

Daß große Wassermassen,
gepeitscht und konzentriert,
die Dämme brechen lassen,
und Deichbaukunst verliert?

Auch den starken Stürmen
kann wenig widerstehen,
wenn sich Wolken türmen
und Hagelschauer wehen.

Und daß auch noch die kleinste Reibung,
der kleinste Schmerz, die kleinste Not
als spiegelgültige Beschreibung
zu gelten hat wie Stich und Lot?

Von allem, was die Welt bewegt,
und allem, was lebendig ist,
und was das Universum trägt,
das nimmersatt sich selber frißt,
dem Mahlstrom gleich, der Funken sprüht,
und dort, wo er sich selbst verdaut,
am Äußersten verbrennt und glüht
und rückwärts in sein Dunkel schaut,
bringt dann der Fortschritt mit dem Leben
die letzte Lösung und macht frei,
nur noch zu schaffen und zu geben,
auf daß das Dasein friedlich sei?

Oder hat es daran teil,
daß jede Welt den Halt verliert,
und ist so der scharfe Keil,
der sie durchdringt und reflektiert?

Es wird zu keiner Zeit gelingen,
zum Schluß zu kommen und zum Schoß,
auch wenn die Weltgewalten ringen,
denn alles hungert spiegellos.

Luft

Ich greife in die Gräser,
sie trocknen viel zu schnell
wie aufgeheizte Gläser
und räudig sprödes Fell.

Ich strecke meine Arme
und spür' dem Winde nach,
tauch' ein ins kühle Warme,
die Haare werden wach.

Die Nase folgt den Säulen,
sie stehen in der Luft
sowohl als Güllebeulen
wie auch als Farblackduft.

Es will der Rauch nicht fliehen,
wo er sich niederläßt,
mag auch der Schornstein ziehen,
am Hause klebt der Rest.

Die Luft ist aufgeladen
mit Stoffen, die bisher
der Gartenerde schaden,
und es wird immer mehr.

Von Tag zu Woche wandelt
sich nun das Luftgemisch
und was der Mensch verhandelt,
ist lang schon nicht mehr frisch.

Schnell wird auf diese Weise
die Zeit der Welt vergeh'n,
und ich, bei ihrer Reise,
blieb' gern am Rande steh'n.

Partystaub

Es kommt ein leises Beben auf,
kein Mensch wird es verspüren,
doch es bewegt den Weltenlauf
und kratzt schon an den Türen.

Die Kälte, die im Sonnenschein
kein Thermometer messen kann,
wird auch des Nachts dieselbe sein,
sie zieht die Sterne näher ran.

Kein Herbst mehr, der uns Blätter nimmt
und sich mit buntem Farbenschmuck
auf seinen letzten Tanz einstimmt
im Wolken-, Sturm- und Regendruck.

Kein Mensch, der sich mein Nachbar nennt,
käm' mir heut' wirklich näher
als soweit, wie ihn jeder kennt,
dann flüchtet er schon eher.

Ein jeder irrt vereinzelt rum,
man findet sich in Horden,
empathisch sein, das gilt als dumm,
und es ist kalt geworden.

Mir scheint, selbst wenn das Himmelblau
sich ändert und sich füllt mit Stoffen,
sich färbt mit giftiggelbem Grau,
macht es doch nur die Welt besoffen.

Jemand, der auf die Straße blickt,
der kann die Party sehen,
die nur das Innerste erschrickt,
wenn sich die Winde drehen,
in ihren Wirbeln angefüllt
mit Partystaub von oben,
wo sich der Himmel gelb verhüllt
und große Stürme toben.

Der Angriff

Fühlst du die Unterkühle nicht,
wie sie schon brennt im Kleid der Winde,
wie sie bei warmen Lüften sticht
und 's Wetter beißt, sogar das linde?

Spürst du die Kälte, die es schafft,
im grauen Dämmerlicht zu leben,
und sie entfesselt, ihre Kraft,
um sie der Welt zurückzugeben?

Hat nicht der Dämon Zornesbeben
mit seinem Schwerte, scharf geschliffen,
schon lang begonnen, unser Leben
zu kürzen, und es angegriffen?

Wissenschaft und Technik

Stapellauf

Du schwere Last
auf meinem Rücken,
du könntest fast
ein Pferd erdrücken.

Ich kann 's wohl spüren,
wie es preßt,
durch Seitentüren
krallt 's sich fest.

Es zerrt und zieht
nach unten fort,
die Haltung flieht
von mir nach dort.

Ich will es nicht
und stemm' mich gegen,
mein Restgewicht
hier abzulegen.

Da stapel ich
und sinke nieder,
es ändert sich,
ich weiß es wieder.

Ein kleiner Stoß,
nur kurz gestreift,
das ganze Floß
wie eingeseift.

Die Bremse rauf,
die Schiene weicht
beim Stapellauf,
dann wird es leicht.

Fechters Glück

Blank gezogen,
im Gelenk
gut gewogen,
Handgeschenk.

Hieb und Stich,
Schnitt, Parade,
fürchterlich,
ohne Gnade
sinkt es nieder,
kehrt zurück,
immer wieder,
Fechters Glück.

Schiebende Hände

Es gibt kein Archiv
und keine Idee,
die Wurzel greift tief,
ihr Wachsen tut weh.

Wohl gibt es Gedanken
zum Thema und Schriften
und Schulen, die zanken
und Wasser vergiften.

Und viele wird 's geben,
die 's damit probieren
und zielführend streben,
die dennoch verlieren.

Doch solche, die 's treiben
und gegen die Zeiten,
die werden schon bleiben,
den Wuchs zu bereiten.

Sie essen und trinken
wie andere auch
und wenn sie versinken
in Tabak und Rauch,
so öffnen sich Blüten
an ihrem Geäst,
die Kraft zu vergüten
wie zu einem Fest.

Sie singen und lachen,
sie weinen wie du,
was immer sie machen,
der Himmel schaut zu.

Sollten sich Friedlose
mit ihnen anlegen,
geht 's in deren Hose,
denn Berge bewegen,
und nichts bewegt sie,
wenn sie nicht wollen,
man packt sie doch nie
und muß sich trollen.

Mit all meinen Worten
fänd' ich doch kein Ende,
denn nie zu verorten
sind Schiebende Hände.

Niet- und nagelfest

Gut verteilt und ihrer viele
waren Nägel und auch Nieten
in dem Baugerüst, zum Ziele,
ihm den festen Halt zu bieten.

Zahn der Zeit, wie wir wohl wissen,
hat das Bauholz angenagt
und zu guter Letzt gebissen;
so hat das Gerüst versagt.

Niet und Nagel, Loch bei Loch,
sprangen tief nach unten dann,
halten dort die Krumen noch
und den Rost bis irgendwann.

Morbus Placebo

Geforscht, gesucht, gefunden
und unerwartet effektiv
für unser'n wahren Kunden,
der oft schon nach dem Urteil rief.

Es ist ein Fehlverhalten
des Menschen, wie vermutet,
von heut' an läßt sich schalten,
daß der sich wieder sputet.

Placebo überreichen
und eine Suggestion,
und die Symptome weichen
vom Morbus Parkinson.

Und grad noch arg zerrüttet
zuckt er und stöhnt und zittert,
und Dopamin entschüttet,
entknirscht, entspannt, entknittert,
der Mensch findet endlich zurück
zu Ruhe, Energie und Kraft
und bald zu neuem Arbeitsglück,
das fröhlich für den Umsatz schafft.

Wir hab'n die Studie, gottlob,
wie sich der Mensch der Pflicht entzieht
und gegen sanfte Regeln grob
vor Arbeit und vor Mühe flieht.

Sucht nun die menschliche Natur
sich ihren Weg und ihre Zeit,
so hält der Arzt die Korrektur
heut' auch für Parkinson bereit.

Eden

Hörst du nicht die Stürme rauschen,
wie sie wachsen, und im Zorn
bist zu laut, ihnen zu lauschen,
wartest auf das letzte Horn?

Zerrst mit deinem Wehgeschrei
an den eig'nen Sinnen
und hast keinen Platz mehr frei,
draußen nicht wie drinnen.

Und siehst nicht im Himmelstuch
all die Großstadtemissionen,
die, gleich einem Würgefluch,
in den Lüften um uns wohnen.

Siehst du bei allem Fortschritt nicht
die Schwären uns'rer Lebensart?
Wasser heißkalt, elektrisch Licht
bleibt dennoch eine Abgrundfahrt.

Wie sehr der Mensch der Technik traut,
er spielt mit falschen Karten,
er hat sich lang schon selbst verdaut,
bevor er kippt, der Garten.

Das Ende nah', der Druck massiv,
du weilst in deinen Träumen,
und bis zuletzt gezielt passiv
fällst du aus allen Bäumen.

CERN

Einst scheiterte bereits das Streben
nach höchstem Ruhm und höchster Ehre,
das Menschengeschlecht zu erheben,
als ob es wie der Schöpfer wäre,
nicht an der Technik, nicht am Plan,
auch nicht an der Arbeitskraft
oder sogar am Größenwahn,
der sich oft doch Platz verschafft,
sondern an dem Himmelssturm,
der dann sehr schnell faßbar machte,
wie der Traum vom Sternenturm
schon im Fundamente krachte.

Denn die Menschen konnten seh'n,
als sie sich zur Tat verbanden,
war kein Wort mehr zu versteh'n
und die Sprache kam abhanden.

Plötzlich waren alle Worte
leere Hülsen, Phantasien
für die Dinge und die Orte
und vom Zufall ausgeliehen.

Und der Menschen stolzer Nabel,
der hielt inne, war verwirrt,
so entstand kein Turm zu Babel,
wenn der Mythos sich nicht irrt.

Doch mag es die Zukunft bringen,
nahgelegen oder fern,
und der Mensch will 's wieder zwingen,
ob in Babel oder CERN,
gibt es vielleicht keine Kraft,
die mit Wirkung hinterfragt,
was der Geist der Wissenschaft
einfach nur aus Dummheit wagt.

3. Soziales, Politik, Geschichte

Soziales

Die Galoschenoper

Und der Riese hat die Keule
und die trägt er vor der Brust.
Und der Zwerg hat nur die Nadel
und die fiese, böse Lust.

Die Galoschenoper (2)
Der Schafsflüsterer

Und der Wolf, der frißt die Kreide,
seine Stimme hört man nicht,
und dann geht er auf die Weide,
wenn er mit den Schafen spricht.

Über Menschen

Es sprach der Berg zum Felsen
und dieser sprach zum Grund:
"Wo an den langen Hälsen
sind Ohren, wo der Mund?"

"Sie werden uns nicht hören",
sprach da der Grund zu beiden,
"wir können sie nicht stören,
sie wollen doch nur weiden."

Freie Qual

Ach, schön verrußt und arg verraucht
wird der größte Teil im Leben,
denn das genau, was uns so schlaucht,
sind wir bemüht, doch anzustreben.

Bedeutung

Würde Licht im Dunkeln taugen,
wär' es "Feuer ohne Holz".
Klarheit stirbt mit unser'n Augen,
und das Sterben bringt den Stolz.

Augenblick

In den andren Augen
suche ich das Licht
und ob sie noch taugen,
wenn mein Blick es bricht.

Sozial

Der Langsamste, der sei das Maß,
der Schwächste sei die Stärke!
Als Regel wär' darauf Verlaß,
wenn ich mir dieses merke:
Wie wär' es, wenn der Schnellste siegt,
der Stärkste hätt' das Sagen,
so daß fast jeder unterliegt,
den nicht die Schwachen tragen?

Nur gefangen

Bist du doch nur gefangen,
mein echter Wunsch, mein wahrer Traum,
als heimliches Verlangen
in meines Stolzes Kerkerraum,
im Zagen und im Bangen,
gefesselt an den toten Baum
gebrochener Versprechen,
die mein gespaltenes Gefühl
an seiner Quelle rächen,
dem ewig zaudernden Kalkül.

Arglos

Was dir auch gelingt,
du bildest dir ein,
weil's schmeichelhaft klingt,
du warst es allein.

Doch nur weil und wegen
der übrigen Welt
versagst du hingegen,
wenn es nicht gefällt.

Würdest du statt dessen
gern zielstrebig werden,
darfst du nicht vergessen,
den Himmel zu erden.

Das könnte bedeuten,
die Kette zu lösen
von Umwelt und Leuten
und Guten wie Bösen.

Niemand nirgends dort

Ein Lächeln trifft die Lippen nicht,
die Zunge nicht die Worte,
die Seele lebt nicht im Gesicht
und bleibt auch nicht am Orte.

Und zu erreichen ist dort keiner,
wo dein Versuch es adressiert,
der Abstand wird nicht wirklich kleiner,
auch wenn sich jemand interessiert.

Es sind wohl Muster, Raster, Schleifen,
die, kompatibel oder nicht,
zu einem Scheingespräche reifen
und dem Verständnis einer Sicht.

Dennoch den ander'n
zu erreichen,
befördert Wandern
und das Weichen.

Und aus der Stille
dann gemeinsam
erscheint der Wille
doppelt einsam.

Doch mit Gewißheit läßt sich sagen,
es bleibt nicht nur das blinde Hoffen,
am Ende nämlich aller Fragen
wird jeder überall getroffen.

Freundschaft

Nicht allein und deshalb frei
trete ich ins volle Licht,
wenigstens so stark wie zwei,
fehlt mir doch das meine nicht.

Nicht Verträge und Versprechen
hätten diese Qualität,
und kein Hebel könnt' sie brechen,
auch, wenn es ums Ganze geht.

Alles, was es niemals gibt
oder was ich auch nicht kenne,
wenn ein Mensch sagt, daß er liebt,
wäre, was ich Freundschaft nenne.

Trauer

Trauern heißt, die Treue leben
über den Bestand hinaus,
Fluchtversuche aufzugeben,
immerfort und niemals aus.

Bist du traurig, lieber Mann,
daß dir alles elend ist
und ein jeder sehen kann,
wie du doch verbittert bist,
bittest du von diesem Platz
doch ganz unverhohlen nur
um den richtigen Ersatz
und die Gnade der Natur,
wünschst von deinen Mitgenossen,
daß sie bitte sehr versteh'n,
was auch immer dir entflossen,
soll dein Elend neu erfleh'n.

Führt das Leid in deiner Seele
zu den ander'n Menschen hin,
daß auch sie das deine quäle,
macht das durchaus einen Sinn,
nämlich den, im kleinen Reigen
Furcht und Not zu stimulier'n
und den anderen zu zeigen,
wer nicht hilft, wird auch verlier'n.

Übst du endlich dich im Klagen,
weil du den Verlust bedauerst,
kannst du alles von dir sagen,
nur nicht, daß du wirklich trauerst.

Tränen

Meine Schmerzen, deine Tränen
treffen sich ganz sicher nicht,
denn wo immer sie sich wähnen,
dort entsteht die Eigensicht,
und die nimmt Besitz von allen,
die ihr in die Fänge gehen,
sammelt sie in ihren Hallen,
wo sie so für immer stehen.

Grenzt sich aus und nimmt dich ein,
immer aber doch verschieden,
füllt sich ab mit fremdem Sein
und schafft Nahrungskettenfrieden.

Was soll'n Tränen da verbessern,
werden sie auf ihrem Wege
umgeleitet zum Bewässern
fremder Gärten und Gehege.

Was soll'n Schmerzen schon erreichen,
außer deinen Rest von Stärke
bis zum Ende aufzuweichen
und sich nähren von dem Werke.

Sucht sich jeder zu beeilen,
mit der denkbar größten Kraft
sich dem andern mitzuteilen,
ist 's doch das, was keiner schafft.

Und dort treffen wir sie auch,
Tränenfluß und Schmerzenswimmer,
die als Inhalt oder Schlauch
aufgetrennt sind doch für immer.

Denn wie soll die Träne nur
echte Nöte lindern,
als des Schmerzes feuchte Spur
wird sie nichts verhindern.

Sagt der Mensch auch leicht und gern:
"Weine nur, das tut dir gut",
hält er sich von Schmerzen fern
und nimmt das für seinen Mut.

Schmerzt es einmal wirklich sehr,
schenk' den Tränen keine Chance,
greife an, setz' dich zur Wehr,
und zerstöre die Balance.

Gleicht nicht die Balance dem Frieden,
jag' sie gerade deshalb fort,
denn mit ihr wird unterschieden
und so gibt es Tat und Wort.

Weißt du, Hexen weinen nicht
da, wo jeder and're klagt,
weil ja ohne Spaltung schlicht
sich kein Zweifel an sie wagt.

Sorgen

Sind sie Längen aus der Kürze,
die sich dehnen, daß es reißt,
oder Falten in der Schürze,
die man in den Waschtrog schmeißt?

Sprechen wir doch über Sorgen,
die sich, nicht versteckt in Falten,
unverkennbar, unverborgen,
an dem Menschen schadlos halten.

Schon Überleben nur für sich,
das fordert alle Willenskraft,
und Pflichten drücken fürchterlich,
sie nehmen mehr als geht in Haft.

Denn im ersten Sturm erweitert
setzt die Welt den Rahmen frei,
und der ist's, an dem man scheitert,
wie er auch beschaffen sei.

Strukturiert er doch das Ende
und die Grenzen jener Kraft,
die, wenn sie sich nochmal fände,
bestenfalls dasselbe schafft.

Und der Kosmos perkussiert
diesen Rahmen, bis er bricht,
der dann seinen Halt verliert,
sein Geburtsrecht und -gewicht.

Der Tribut, den diese Welt,
die wir doch so innig lieben,
unsrer Hoffnung vorenthält,
ist mit uns zurückgeblieben.

Von den Reizen nur benommen,
die den Ruf des Daseins heben,
sehen wir den Schmerz schon kommen
und verwechseln ihn mit Leben.

Forderungen alle Tage
Überforderung der Welt,
so daß selbst die höchste Klage
ihre Töne niemals hält.

Sorgen, eine fremde Gattung,
die am Schmalz des Menschen nagt,
von Geburt bis zur Bestattung
hindert, daß er etwas wagt.

Nimm die Falten und die Schürze
mit dem restlichen Textil,
gib 's zurück in aller Kürze,
was zuviel ist, ist zuviel.

Reserve

Am Ende meiner Reise
hätt' ich den Feind besiegt,
der doch auf seine Weise
noch immer auf mir liegt.

Ich könnte wohl entkommen
ins nächste Wasserbett,
wie in ein Tal geschwommen
vom Alkohol zum Fett.

Ich würd' schon gern verweilen,
die Flucht, sie wär' vorbei,
ich bräuchte nicht mehr eilen,
und wäre gänzlich frei.

Ach, dann fänd' ich die Ruhe,
und nackt, mit bloßem Fuß,
versteckt' ich doch die Schuhe
zur Sicherheit am Schluß.

Kartenleger

Stets wird schwaches Fleisch getroffen,
weil es zart ist und verletzlich,
und kein Schwächling, der darf hoffen,
denn er täuschte sich entsetzlich.

Immer zieht 's den Stein zum Boden,
wenn die Hand ihn fallen läßt,
er zermalmt Asphalt und Soden
und verteilt sodann den Rest.

Auch das Wasser muß ich loben,
wenn 's vom Dach herunterfließt
und nicht unbeherrscht nach oben
in die Luft zum Himmel schießt.

Sitze ich am langen Ende
eines Hebels, ist es gut,
denn so stärkt es meine Hände,
wenn er seine Arbeit tut.

Ich verlöre meinen Glauben,
wenn der Wind sich niedersetzt
und die armen Leute rauben,
weil der Has' die Hunde hetzt.

Doch würd' ich sie gern verstoßen,
diese Ungerechtigkeit,
zwischen Kleinen und den Großen
wär' der Abstand nicht so breit.

Denn ich schleuder' keine Steine,
die nicht mehr zu Boden geh'n,
und die Hände und die Beine
müssen ihre Grenzen seh'n.

Mußt du Mensch nun deshalb warten,
bis sich's ändert irgendwann?
Scheiter' nicht an Schicksalskarten,
fang' beim Kartenleger an.

Party

Laßt uns Seifenblasen machen
und auf grünen Wiesen spiel'n,
über nichts und alles lachen,
in den blauen Himmel schiel'n.

Laßt uns feiern und vergessen,
denn es ist doch uns're Zeit,
zu genießen und zu essen,
miteinander, ohne Streit.

Oberflächlich und nach Noten
laßt uns tanzen, musizier'n,
Sprüche klopfen und nach Schoten
jedes Maß für Sinn verlier'n.

Gebt nur Kenntnisreichtum vor
und führt jedermann aufs Eis,
lobet euch, nennt es Humor,
weil 's doch keiner besser weiß.

Haltet euch den Rücken frei,
badet in der Menge,
tragt zur Lust und Freude bei,
meidet Pflicht und Strenge.

Uns're Partyregel sagt,
rosa Plüschohr'n, bunte Sicht
tolerier'n auch Not, die klagt,
denn was weh tut, merkt sie nicht.

Nähe

Die denkbar größte Nähe,
das ist der fernste Ort,
und alles, was ich sehe,
bewegt sich von mir fort.

Du reichst mir deine Hand
und drückst die meine herzlich,
doch spüre ich den Rand
und deine Grenze schmerzlich.

Ich komme dir entgegen,
und du mußt etwas weichen,
weil wohl auf uns'ren Wegen
Technik und Platz nicht reichen
zu mehr als sich zu treffen,
begegnen heißt es auch,
einander nachzuäffen
nach Konvention und Brauch.

Sag', hast du denn verstanden,
was mir am Herzen liegt?
Der Platz ist doch vorhanden
nichts hat ihn je besiegt.

Agape

Verliert die Kameradschaft Halt,
wenn 's um Perspektiven geht,
und wird es zwischenmenschlich kalt,
weil der Wind des Nachteils weht,
dann war 's ein Bündnis auf Verdacht,
wahllos in den Arbeitsherden,
weil aus Kollegen über Nacht
die Konkurrenten morgen werden.

Hast du genügend aufgehäuft
an Schulden und an Lasten,
daß dir der ganze Kahn absäuft
mit Segeln und mit Masten,
und deine Umwelt macht dir klar,
daß du gern wiederkommen magst,
wenn es so wird, wie es mal war,
verlierst du Freunde, wenn du klagst.

Stürzt endlich alles um dich ein,
die letzten Mauern und die Brücken,
dich birgt nicht mehr der kleinste Stein
und stützt du dich, entstehen Lücken,
du fällst unendlich ohne Grund
und doch bist du noch nicht allein,
von innen und von außen wund,
das wird dann wohl die Liebe sein.

Entfesselt

Wenn ich deinen Namen höre
oder einen, der ihm gleicht,
ist 's, wie wenn ich mich verlöre
und mein Leibdruck von mir weicht.

Feder noch als leicht empfinde
ich, was vorher Körper war,
dem ich mich doch sonst verbinde,
nur bei dir nicht, das ist klar.

Jeder Atemzug belebt
und erleichtert meinen Schritt,
dessen Fortgang Muster webt,
und der Wegstaub wirbelt mit.

Dabei lache ich befreit,
wenn ich es auch nur vermute,
daß du da bist und nicht weit,
überall seh' ich das Gute.

Wohin ich die Sinne lenke,
was auch immer ich grad' tu,
nie, daß ich an dich nicht denke,
von dir fort und auf dich zu.

Du jedoch mußt es nicht wissen,
daß es meine Neigung gibt,
ebenso wie auch kein Kissen
danach fragt, ob man es liebt.

Aber eben wie ein Kissen
halte ich dich im Zenit,
mein ist es, um dich zu wissen,
dein des Traumes Appetit.

Jede Freude, jedes Glücken
eines Menschen stützt sich nur
auf die vielen Liebesbrücken,
nicht auf seine Kraftnatur.

Und solang die Brücken bleiben,
weil dein Schritt sie überquert,
kann ich diese Zeilen schreiben,
bis die Selbstsucht sie verklärt.

Wortlos

Als der Mensch begann zu sprechen,
schuf er eine große Macht,
doch sein Wort durft' er nicht brechen
wie sein Schwert nicht in der Schlacht,
denn das Wort mußt' nicht nur halten,
sondern Platz und Neues schaffen,
nicht Vergangenheit verwalten
und die Zukunft an sich raffen.

Wort und Wirkung, ohne Frage,
durften nicht verschieden sein,
bis nach einer alten Sage,
angeregt durch Augenschein,
jemand seinen Griff verlor
und den Horizont entdeckte,
auf die Perspektive schwor
und den Vor- und Nachteil weckte.

Durch das Rechnen, Schätzen, Zählen
und die Welt in Stücke teilen
konnt' das neue Wissen wählen,
als Besitzer zu verweilen.

Denn die Welt, wie wir sie kennen,
ist deshalb doch erst entstanden;
was wir Wirklichkeiten nennen,
war zuvor so nicht vorhanden.

Alles bekam einen Sinn,
und der Mensch, er merkte nicht,
wie auch mit dem Zugewinn
seine Selbstbestimmung bricht
und mit ihr Gelegenheiten,
die wohl auf dem freien Feld
ferne Träume auszuweiten
mehr geeignet sind als Geld.

Sprache ist zurückgeblieben
als die Fessel und das Joch
und hat alles fortgetrieben,
was auch nur nach Denken roch.

Übereinkunftshierarchien,
die den Menschengeist zuletzt
wolkengleich ganz überziehen,
haben seine Chance besetzt,
als in eig'ner Sache Quelle,
Schöpfung und Betreiber sein
dann, statt der kausalen Welle,
vielverbunden, nicht allein,
ungeregelt und vermessen
und am Ende deshalb auch
nicht fixiert und nicht besessen,
frei zu sein im Nichtverbrauch.

Worte, die als Wissen zählen,
sind als Glieder und als Quelle
Mittel, Sprache durchzuquälen,
denn sie treten auf der Stelle
und zerfallen in die Teile
jener Sprache, die ersetzt,
und erweisen sich als Keile
und als Werkzeug, das verletzt,
jeden, der den Mangel rügt
allzu laut, und weil er sich
mit Versprechen nicht begnügt,
deren Folgen ordentlich
und zum Zwecke zu regieren
Sprachkunst hebt und kultiviert,
den Ersatz zu zelebrieren,
der sich stetig neu kreiert.

Und die Worte, tot und leer,
die zusammen Sprache sind,
platzen ohne Gegenwehr
wie die Blähungen im Wind.

Hat der Mensch denn je gesprochen
oder hat er je gehört,
jemals bei sich selbst gebrochen,
was ihn bei den ander'n stört?

Sprechen wirst du, wenn du hörst,
doch nicht lauschen, sondern greifen,
denn Kontakt ist, wenn du störst,
und was lebt, braucht nicht zu reifen.

Wortflucht

Gebt der Nacht die Nacht zurück
und laßt sie vergessen,
wer es wagt, in einem Stück
ihre Wucht zu fressen.

Aufgerieben zwischen Zeichen
und zermalmt von Kehlenlauten
kann der Menschenschlund nicht reichen
weiter noch als Augen schauten,
die er nur gebraucht zu spiegeln,
was er doch nicht recht erfaßt,
so wie auch kein Haus aus Ziegeln
sich erhebt mit seiner Last.

Denn Worte, gesprochen
und niedergeschrieben,
hab'n Brücken zerbrochen
und Welten vertrieben,
den Himmel zerrissen,
die Erde geprellt
und Kehricht von Wissen
ins Zentrum gestellt.

Der Versuch, auf Halden
und Bergen von Schutt
die Welt zu bewalden,
macht richtig kaputt.

Und Sprachen zerstören
den Zaubergesang,
nie ist er zu hören,
er hat keinen Klang.

Und drängt sich die Sehnsucht
dann doch an das Tor,
so spürst du, der Wortflucht
fehl'n Zunge und Ohr.

Ruh'

Bleibt in diesen dunklen Tagen
nur die Stille, schattengleich,
und die ungestellten Fragen,
emigriert ins Schlummerreich?

Denn selbst würdest du es wagen,
was doch jeder ahnt und weiß,
nur so vor dich hinzusagen,
dreht man deine Worte leis',
nur damit sie es nicht hören,
die dich daraufhin verklagen,
deine Existenz zerstören,
um dich schließlich zu erschlagen.

So weit läßt es niemand kommen,
vorher klappen Ohren zu,
und vom leeren Lärm benommen
finden alle Seelen Ruh'.

Sprich' nur, sage, was du denkst,
keiner will es wirklich wissen,
und wenn du dich auch verschenkst,
wird nicht einer dich vermissen.

Doch die Ruh', die sie gern hätten,
eignet sich zum Stören gut,
und es gibt viel mehr zu retten
als nur Stolz und Menschenmut.

Ausflucht

Was bleibt
von der Kunde,
und treibt
ihrer Wunde
verlorenen Grund
dann weiter und tiefer
durch Kehle und Schlund
als Laut in den Kiefer
und pflanzt sich fort
an ihre Grenzen,
um Wort für Wort
lichtlos zu glänzen,
dort aufgehoben,
mit einem Sessel
endlos verwoben
als letzte Fessel,
um sich zu winden,
den wahren Sinn
wiederzufinden,
ihren Beginn?

Eltern

Es sprach einst der Rabe
zu seinem Gelege:
"Ich geb', was ich habe,
und weis' euch die Wege.

Erfreut euch der satten
Versprechungen nicht
und folget den Schatten,
vermeidet das Licht.

Licht wird euch schon bleiben,
wohin ihr auch geht,
und Finsternis treiben,
bis daß ihr versteht:

Das brennende Sehnen,
der fehlende Halt,
der Wunsch, anzulehnen,
ist grenzenlos alt.

Er sichert das Streben
zum Ende der Leiden
und hilft überleben
und Fehler vermeiden.

Bis daß sich am Ende
im eigenen Nest
der Balzmühen Spende
auch ausbrüten läßt.

Dann werdet ihr ahnen,
was ich bereits weiß:
Die Wege zu bahnen,
verlangt seinen Preis.

Ihr dürft euer Sprechen
zu Nachwuchs und Ei
nie ganz unterbrechen,
so schwer es auch sei.

Ihr sollt ohne zaudern,
dem Anschein zuliebe,
fortan weiter plaudern
für Elstern und Diebe."

Bleib bei deinem Leisten

Es bleibt am Ende doch nur eines
auf angepaßter Lebensbahn,
das Resultat, wenn auch ein kleines,
und Abschied von dem Größenwahn,
dem Wahnsinn, beispielsweise anzustreben,
die Welt zu ändern oder sich,
und ohne Furcht und fremdbestimmt zu leben,
gestärkt im Du und frei im Ich,
den Hunger und die Not bezwingen,
die Waffen ächten wie Gewalt,
um jeden kleinen Schritt zu ringen
zur mitgeschöpflichen Gestalt.

Und auch zu kämpfen und zu streiten
gegen die große Übermacht
und nie Gewesenes geleiten,
zur Not in die Befreiungsschlacht.

Sich nicht zu fürchten vor den Starken
und ihrem fesselnden Legat,
vor ihren selbstgedruckten Marken
und ihrem Henkersbeildiktat.

Sich nicht nur wünschen, sondern leben,
was dir die herrschenden Gewalten
niemals erlauben oder geben,
nur weil sie es für sich behalten.

Zu träumen von so vielen Dingen,
die grad der Mensch nicht kann und soll,
und die ihm auch nur dann gelingen,
wenn er sich widersetzt wie toll.

Zu träumen und zu ignorieren,
daß dies nur Energie verbraucht,
und keine Absicht zu kapieren,
die doch schnell im Kamin verraucht.

Bei klarem Kopf, wer wollte das,
gehört es doch ins Kinderzimmer,
denn ist nicht auf Vernunft Verlaß,
und sind die Dinge nicht wie immer?

Gleichwie, auf keinen Fall mit träumen
bringt sich der Geist „Erfolg" zum Sturz,
den Anschluß etwa zu versäumen
ganz sicher nicht, nicht einmal kurz.

Um des Lohnes will'n am meisten,
den die Berufskarriere bringt,
bleibt der Schuster seinem Leisten
so treu, wie es im Sprichwort klingt.

Der Strohhalm

Halt' dich dran fest,
daß er dich schützt,
sich rufen läßt,
wenn er dir nützt.

Gütig und milde
sieht er dich an,
wie nach dem Bilde
vom Weihnachtsmann.

Hat schon das Böse
dein Seelchen verwettet,
ist er die Öse,
die dich noch errettet
aus dem Gewirre
übelster Fänge
mit dem Geschirre
göttlicher Strenge.

Doch anders herum,
mutmaßlich sehr,
erschiene es dumm,
wenn Gott so wär',
würd' er die Bösen
oder die Seelen
dann schon erlösen,
wenn sie sich quälen.

Könnte es nicht sein,
daß so ein Herrgott nur
die Welt schuf allein
ganz für eine Sauftour,
um seinen Kumpanen
ein Supergetränk
zu brauen und planen
als Partygeschenk?

Da beten heißt hoffen,
den Herrn zu erweichen,
ihn jedoch besoffen,
heißt nicht, zu erreichen,
mit flehenden Augen
und Haaren zum Raufen
nichts ändern am Saugen
und Schlürfen und Saufen.

Es klammert vergeblich
am Strohhalme fest,
wer sich doch buchstäblich
auf Herren verläßt.

Der Strohhalm, das merke,
des' wir nicht bedürfen,
verleiht keine Stärke,
er dient nur dem Schlürfen.

Helden

Gibt es Schlimmes zu vermelden,
das die Menschen tief erschrickt,
werden sicher auch bald Helden
aus dem Ungemach gestrickt.

Liegt ein Arm noch auf dem Rand,
ist es selbstverständlich doch,
daß die nächste beste Hand
ihn befreit aus seinem Loch
mit dem Menschen, der dran hängt,
noch bevor er ganz verschwindet,
weil der Abgrund ihn umfängt
und dem Leben ganz entwindet.

Hinterher wird hart gewettet,
wieviel' noch gestorben wären,
hätt' ein Held sie nicht gerettet,
um die Eitelkeit zu ehren.

Jeder ist sich dann gewiß,
daß der Mensch 'was Großes tat,
setzt er doch trotz Not und Schiß
auch die Schicksalsmächte matt.

Läßt sich so nicht gut begründen,
daß der Mensch doch hilflos ist
und, vertieft in seine Sünden,
nur für sich alleine frißt?

Darum braucht er auch den Mut
und die Helden der Geschichte,
edle Taten glänzen gut
und sie schmücken die Berichte.

Die Medaillen und die Wunden
scheinen sogar zu beweisen,
Helden, die sind nicht erfunden,
auch der Grund nicht, sie zu preisen.

Dennoch, nichts ist mehr erlogen
als der Held aus Fleisch und Blut,
und das Trugbild anerzogen,
daß es Böse gibt und Gut.

Und nur deshalb zu verdecken,
daß wohl Zufall und Gewalt
herrschen über das Verrecken,
drinnen heiß und draußen kalt.

Und des Menschen Zweifel dann,
wenn er seinen Halt verliert,
weil er Besseres nicht kann,
eine Heldentat gebiert,
die als Ausflucht gelten soll
für die Grunderkenntnis schlicht,
ganz im Sinn des Wortes voll
trägt der Mensch den ander'n nicht.

Wenn der Mensch doch lustvoll wär',
nie auf and're zu verzichten,
bräucht' er keine Helden mehr,
denn er lebt nicht in Geschichten.

Speise

Immer wieder neue Speise
braucht der Umbau zu dem Zweck
einer eingeschränkten Reise
in die Welt und von ihr weg.

Ihre Hinterlassenschaften
ausgebrannter Signaturen
muß der nächste mit verkraften
auf den vorbestimmten Spuren
einer ganz speziellen Kette
dieser oder jener Art,
die sich längst verloren hätte,
gäb' es nicht den Wechselstart
dieser Welt zu einem Preise,
der zu hoch ist allemal,
denn nur kurz ernährt die Speise,
und dann folgt die Hungerqual.

Nur die Kette bleibt erhalten,
und sie bindet doch nicht mehr
als den Anschein von Gestalten
ohne Chance auf Wiederkehr.

Denn das Leichte wie das Schwere
greift nicht einen Augenblick,
doch ernährt es diese Leere
und schafft vielerlei Geschick,
das in seinen Turbulenzen
nichts zu Ende bringen will
und die Schmerzen seiner Grenzen
niemals aufmacht oder still.

Menschenskind

Wie wird es im Himmel sein,
fragt das aufmerksame Kind,
hell und schön wie Sonnenschein,
frisch, lebendig wie der Wind
oder wie Schlaraffenland,
wo die süßen Schlemmersachen
vor den Augen und der Hand
träge und gefräßig machen,
wo bei einer Kuchenschlacht
jeder viel zu viel verschlingt
und mit vollem Munde lacht
oder auch vor Freude singt.

Wo es warm ist, hell und leicht
und der finst're Überrest
aller Sorgen von mir weicht
wie beim schönsten Weihnachtsfest.

Ist das wirklich auch das Ziel,
das die Seele so erstrebt,
wenn vom Besten stets zu viel
sich der Wunsch und Anspruch hebt,
und es endet mit der Frage,
wie dann wohl die Hölle wäre,
eine Enge voll der Klage
mit der stickigdunklen Sphäre
jener Wüstensiedelei,
wo die Spinne haust und wohnt,
und die schlimmste Bestie frei
zwischen Schmerz und Ängsten thront,

immerdar bereit zum Reißen,
sich an meiner Furcht zu laben,
dort, wo 's wehtut, auch zu beißen,
nur, um selber Spaß zu haben?

Nein, sagt sich das Kind zum Schluß,
das erinnert mich fatal
daran, wo ich leben muß,
in der Welt von Glück und Qual.

Weder wünsch' ich süßen Grieß,
noch möcht' ich im Dunkeln hausen
und dort heulen wie am Spieß,
oder leicht durch Sphären sausen,
all dies ist mir doch vertraut
aus der Welt, in der ich weile,
die auf Lohn und Strafe baut,
auf daß ich mein Sinnen teile,
und bestrebt bin zu bekommen,
zu besitzen und behalten,
was, mir zuvor fortgenommen,
doch geblieben ist beim Alten.

Nein, ich bin mir sicher jetzt,
was auch immer hilft und heilt
ist auch das, was mich verletzt,
weil nur Mangel Reichtum teilt.

Ich werd' nicht mehr überlegen,
wie ich fliehe oder bleibe,
und bin fortan nur dagegen,
so wie ich es sag' und schreibe.

Rauchen verboten

Rauchen verboten
na, was kommt denn dann,
Leben nach Noten
im metrischen Bann?

Und nicht zu viel fressen,
grad das, was du brauchst,
Bewegungsinteressen,
nur daß du nicht schlauchst.

Wohl alles in Maßen,
damit deine Kraft
auf sicheren Straßen
auch produktiv schafft.

Sie darf dich verspeisen,
die Hochindustrie,
auf endlosen Gleisen,
verladen wie Vieh.

Der Freßapparat
der herrschenden Kräfte
macht aus dir Salat
und raubt deine Säfte,
er sucht dich zu hindern,
daß du dich verletzt,
doch nicht um zu lindern,
er hält dich besetzt.

Die Ernte ist sein,
du mußt es begreifen,
und mischt du dich ein,
wird er dich verseifen.

Genau diese Not
wird haltbar durch Märchen,
Gesundheitsgebot
als kunstvolles Pärchen.

Das Optimum,
du bist verfügbar,
gesund und dumm
und zum Verbrauch klar.

Du solltest wissen,
zur Freiheit die Chance,
die wird zerrissen
mit jeder Balance.

Gäb' es Gesundheit,
nach der du dich richtest,
wär' es die Freiheit,
die du dann verpflichtest.

Nimmt man dir das Recht zu stören,
dich und and're sicherlich,
kannst du dich auch nicht empören
gegen solchen Raub an sich.

Rauche deine Zigarette
und halt sie nur trotzig fest,
dann ergibt sich auch, ich wette,
für den großen Streit der Rest.

Nur wenn du dich selbst zerstörst,
liegt es auch in deiner Macht,
daß du deine Stimme hörst,
wenn dein eig'ner Wunsch erwacht,
lieber darauf zu verzichten
und statt dessen deinen Herrn
zu erwischen und zu richten,
und du stößt auf jenen Kern,
den dir niemand nehmen darf,
auch, wenn der sich nur zerstört
und drauf geil ist oder scharf,
weil er sich doch selbst gehört.

Politik

Establishment

Ihr fahnenmastversteiften
Bürger, Spießer, Legalisten,
in der Kultur gereiften
braven Industriefaschisten,
ihr klugen, aufgeklärten, superhellen
Kritiker und Besserwisser,
ihr abgeseilten, intellektuellen
Umweltschmutz- und Rotweinpisser,
es liegt an eurer Arroganz,
daß ihr euch selber nicht erkennt,
im Schutze eurer Ignoranz,
als ewiges Establishment.

Eure Bildung und Kultur
als des Raubes Erblegat,
das als letzte Nabelschnur
nur noch gut ist zum Verrat
an den Wünschen und den Träumen,
an der Liebe und der Wut,
dem in grenzenlosen Räumen
und in Freundschaft festen Mut,
sich der Übermacht zu stellen
und auch der Teilhaberschaft,
um Entscheidungen zu fällen
aus der tiefsten Glaubenskraft.

Alles dies ist fast vergessen,
heimgefunden habt ihr doch,
ihr gewöhnt euch nun statt dessen
an das große Hinterloch,
habt den Streit mit Konventionen
längst das Klo hinabgespült,
denn das Mühen soll sich lohnen,
dumm nur, wer mehr will und fühlt.

Wissenschaft und Kunst im Kreis,
daran haltet ihr euch fest,
weil ein jeder von euch weiß,
wer schon hat, kriegt auch den Rest.

Und es ist fürwahr ein Rest,
eine eingestürzte Brücke,
die sich nicht mehr richten läßt,
und ihr schwindet in der Lücke.

Informiert, abserviert

Die Welt ist heute nicht mehr,
was sie noch gestern war,
die Zeichen steh'n auf Umkehr,
der Blick zurück ist klar.

Denn jeder glaubt zu wissen,
warum, wieso, weshalb
und tanzt darum verbissen
blind um das Gold'ne Kalb,
ein Götze der Moderne
von aggressiver Kraft,
dem jeder allzugerne
ein'n Platz im Herzen schafft.

Und nichts scheint attraktiver
in komplizierten Zeiten,
als einfach noch passiver
das Leittier zu begleiten.

Das Leittier im Gewande
der öffentlichen Meinung
dient nicht nur hierzulande
in aufrechter Erscheinung
den medialen Mächten
von Presse, Funk, Fernsehprogramm
als Urfeind alles Schlechten,
als Seife und als Läusekamm.

Nicht nur dazu um aufzuklären,
bevor das Böse richtig greift,
dem alle wohl erlegen wären,
wenn es die Presse nicht verseift,
vielmehr im Schutz seriöser Bilder
verschleiern sie, was wirklich läuft,
und das noch schneller und noch wilder,
als sich der Sand im Zeitglas häuft.

Nicht wirklich ändert sich die Welt,
doch dauernd wechseln ihre Kinder,
und was dann noch Bestand behält,
das ist die Herde, nicht die Rinder.

Die Orwellballade

Drohnen observieren,
Kamera macht Bilder,
Nachbarn denunzieren,
Chips ersetzen Schilder.

Was kann ich verlieren,
das mir noch gehörte?
Was gäb's zu sezieren,
das noch wen empörte?

Über meine Grenzen
und durch meine Seele
reichen Transparenzen,
auf daß ich mich quäle,
sollte ich versuchen,
nur, um mich zu finden,
ein Versteck zu buchen,
oder mich verbinden
mit der nächsten Seele,
sorgt doch dann die Übersicht,
daß ich sie verfehle
und ruft mich zurück zur Pflicht,
auf die Schienen, vor die Schotten,
gut bewacht und kontrolliert
weiter nach System zu trotten,
dumpf zu leben wie geschmiert,
um schon gar nicht zu begreifen,
freigelegt in ihrem Licht,
wo nicht mal Gefühle reifen:
Mein Big Brother ist das nicht.

Fortschritt du

Grenzen brechen
und nach vorn,
Häute stechen
wie der Dorn,
fort zu schreiten
und voran,
anzuleiten,
wo man kann,
Mauern sprengen,
Glas und Kitt,
und zu drängen
Schritt um Schritt,
immer weiter,
ohne Halt,
Vorwärtsstreiter
kennt kein alt,
kennt nur Neues
fort und fort,
pausenscheues
weg vom Ort,
ohne Ruhe,
bleibt nicht steh'n,
heiße Schuhe,
spitze Zeh'n,
und nichts bleibt
unverletzt,
wo er treibt,
drückt und hetzt.

Fortschritt du,
Menschenlast,
ohne Ruh',
ohne Rast,
warst du nicht
immer schon
der Feind schlicht,
wo ich wohn,
wo ich lebe
und vielleicht
sicher klebe,
daß es reicht,
keiner Sucht
zu verfallen,
die zur Flucht
wird, vor allen
Dingen, die
mich doch tragen
und mich nie
schmerzhaft jagen.

Bürgerrechte

Es sind doch wohl die Bürgerrechte,
die, schwer erkämpft mit großem Mut,
verbindlich für die Herrn und Knechte
geschrieben, auch mit Menschenblut
den Maßstab für den Fortschritt setzen
und für die Freiheit das Panier,
doch nicht die Messer dran zu wetzen
und sie zu schlachten wie ein Tier.

Von Bürger- zu den Menschenrechten
war nur die Not noch angeschwollen,
zerstört von immer gleichen Mächten
ist ihre Wucht global verschollen.

Verteilt auf die Gesetzeswerke
und auf Archivresolutionen,
zuviel, daß sie sich einer merke
und nur die Falschen zu belohnen,
die das Elend nur verwalten
in so mannigfachen Formen,
und als NGO's gestalten
Flüchtlings-, Hungers-, Folternormen.

Kam die Supermacht, sei Dank,
nun als Lösung der Probleme,
was gesund sei und was krank,
daß nichts Böses mehr entkäme,
sicher auf der guten Seite,
ohne tiefer nachzudenken,
uns'rer Welt die hochgescheite
Terrorleitidee zu schenken.

Terroristisch infiziert
muß dann einfach jeder sein,
der es nicht so akzeptiert,
daß es groß gibt oder klein.

Jenen gibt 's in allen Ländern,
hochempfindlich und bereit,
auch Strukturen zu verändern,
wenn 's aus Not und Angst befreit,
der noch nachdenkt über Dinge,
die doch längst geregelt sind,
und wo all die Herrn der Ringe
nur Gehorsam fordern, blind.

Homo Legalitus

Der Homo Öconomicus
streckt langsam sterbend seine Glieder,
doch fehlgeleitet wär' der Schluß,
der Sozialismus käme wieder.

Es wäre sicherlich nicht schlecht,
noch einmal damit zu beginnen,
wie vormals unter anderm Brecht,
auf neue Lebensart zu sinnen.

Wo nicht Menschen den Gesetzen,
ihren Hütern oder Marken
ausgesetzt durchs Dasein hetzen,
unterworfen von den Starken.

Die Gesetze, die für jeden
gelten, doch durch den bestimmt,
der die Hand führt und die Fäden
und das Recht als seines nimmt.

Gericht über Menschen sollte
es auf keinen Fall mehr geben,
wenn niemand die Zwänge wollte,
die er heute braucht zum Leben.

Aber zu befürchten ist,
daß der Mensch den Fortschritt sucht
darin, daß er besser frißt
und den Nebenmann verflucht.

Regeln, Ordnung, Unterschiede,
Sicherheit zum Überdruß
und ein starker Herrschaftsfriede
schaffen den Legalitus,
einer, der sich fügen muß,
dafür aber gut belohnt
als Homo Legalitus
über Menschenfreiheit thront.

Er besitzt, braucht nichts zu borgen,
Sozialismus will er nicht,
muß sich nicht ums Denken sorgen,
denn für ihn gibt 's Recht und Pflicht.

Ein Fortschritt ist das keinesfalls,
eher ist 's, was wir schon kennen,
die Fluchtgewalt des Weltenalls,
die wir auch die Ordnung nennen.

Blüte

Es grünt auf den Beeten,
der Acker wirft Frucht,
es lebt in den Städten
mit wachsender Wucht.

Die Märkte, sie gären,
die Wirtschaft marschiert,
globales Verkehren,
wer steh'n bleibt, verliert.

Konsum produzieren
am Hunger vorbei,
vom Golde probieren,
den Massen das Blei.

Im Luxus ertrinken
nur wenige doch,
die andern versinken
wie Abfall im Loch.

Und jenen am Feuer
mit Wärme und Licht
zeigt das Ungeheuer
sich anfangs noch nicht.

Betäubt im Gemüte
und Gliedmaßen steif
steht die Welt in Blüte,
die Frucht ist fast reif.

Glaub' nicht

Glaub' nicht, was so viele sagen,
daß die Welt zugrunde geht,
und des Lebens Weheklagen
nur noch nach Erlösung fleht.

Daß uns Brot und Ernte schwinden
und uns Regenmassen quälen
und sich Wasser doch nicht finden,
wo sie uns so lang' schon fehlen.

Glaub' nicht, daß die Herrschaftskriege
immer mehr und schlimmer werden
und die ungerechten Siege
neue Not verteil'n auf Erden.

Und des Menschen große Zukunft
nicht mal in den Sternen steht,
weil die vielgelobte Vernunft
mit dem Wohlstandsstaub verweht.

Glaub' nicht, daß der neue Frieden
Stacheldraht und Hunger ist,
und dahinter abgeschieden
jedermann den ander'n frißt.

Glaub' nicht und wag' nicht zu hoffen,
daß es dann so weiterginge
und der Ausgang wäre offen,
denn er gleicht der Galgenschlinge.

Silberstreif

Die Zeit ist reif, die Zeit ist reif,
und er ist schon zu erkennen
am Horizont, der Silberstreif,
es beginnt der Tag zu brennen.

Der Wahnsinn, der ist etabliert,
er trägt den Ärztekoffer,
das Denkvermögen, das verliert,
wird kleinkariert und schroffer.

Die Luft wird dünner, Grün verdorrt
und die Erträge schrumpfen,
der Raub wird zum Elitesport,
es zählt nur Übertrumpfen.

Der Krieg mutiert zur Weltjustiz
getarnt als Notverwaltung,
die Reichen feiern Benefiz
zur Armenhausgestaltung.

Das Elend wächst, die Menschen sterben
an Hunger, Krankheit und Gewalt,
nur ausgenommen sind die Erben,
sie werden ohne Nöte alt.

Das Menschenrecht, das teilt sich auf
in Wenige und Viele,
es kommt zum Hoffnungsausverkauf,
kein Brot mehr, aber Spiele,

Spiele etwa wie das Lügen
und Enttäuschungsregulieren,
Menschen strafen zum Vergnügen
und die Skrupel zu verlieren.

Sich für unersetzlich halten,
vom Gesetz legitimiert,
und gestützt auf Staatsgewalten
wird geraubt, das heißt regiert.

Jedoch in der grauen Masse
ausgebeutet, unterdrückt,
schleift das Volk sich eine Klasse,
der der Sprung nach vorne glückt.

Wenn auch wenige ganz vorn,
doch mit zornentbranntem Ton,
blasen sie das Freiheitshorn,
stehen zur Sozialvision.

Wenn auch Granit zeitweise schon
Glut und Lava fesseln kann,
so kommt es doch zur Explosion,
weil's zu heiß wird irgendwann.

Wer mit technischen Gewalten
Menschenträume fesseln sollte,
trifft sie wieder, gut erhalten,
wo er sie nicht treffen wollte.

Schwarzes Herz

Schlag ein,

du schwarzes Herz der Rebellion,
schlag ein, in meinen Rhythmus,
du triffst ganz sicher meinen Ton,
wo alles and're mit muß.

Zögern gibt es beim Verscheiden,
Pausen sind der Preis der Flucht,
du kannst nur im Streite leiden,
denn dich nährt des Sieges Frucht.

Flieh das plappernde Gemunkel,
weite dich und spitz dich zu
auf das unsichtbare Dunkel,
und mein schwarzes Herz bist du.

Der Kommunist

Mein Kind, ich will sagen,
nimm dich in Acht
und lasse das Fragen,
du wirst bewacht,
gelenkt und erzogen
von der neuen Zeit
bewertet, gewogen,
zur Leistung befreit,
von solchen, die wissen,
daß nur überlebt,
wer eifrig beflissen
und produktiv strebt,
wer zielstrebig giert
und in jeder Phase
Gewinn maximiert
und Gold auf der Nase,
wer gut konkurriert,
mit den Ellenbogen
nach vorne marschiert,
der ist gut erzogen.
Doch wehe dir, Kind,
du kletterst auf Bäumen
und spielst mit dem Wind
und spielst mit den Träumen,
hörst nicht auf zu fragen,
weil dir nicht genügt,
was alle dir sagen,
als ob jemand lügt.

Dann kommt aus der Tiefe,
daß er dich frißt,
als ob man ihn riefe,
der Kommunist.

Geschichte

**Vom Liedermacher Wolf
(Februar 1999)**

Mißverstanden von der Welt,
abgeschlagen und allein,
reduziert auf Ruhm und Geld,
wollt' er doch nur artig sein.

Und das war er eigentlich,
denn der Anstand ist geblieben,
auch, wenn er den Ruf erschlich,
linke Lust hätt' ihn getrieben.

Alles war doch Poesie,
Kunst und Lyrik für den Geist,
für das echte Leben nie,
wie die Bühnenshow beweist.

Wenn ihr mich zerstören wollt,
schickt mich in den Westen,
dann hat er Tribut gezollt
mit den Liederresten.

Sicher war 's kein hoher Preis,
seine Texte sind schon immer
voll von dem, was jeder weiß,
Nörgelspott und Zankgewimmer.

Nichts, was Wirklichkeit bewegt,
fand in den Konzerten Platz,
doch als Buch und Lied verlegt
häuft es seinen Börsenschatz.

Wer sich ändert, bleibt sich treu,
seine erste Westdevise,
hierzulande auch nicht neu,
tiefster Sinn der Wirtschaftskrise.

Ist der Ex-Genosse nun
in der Heimat angelangt,
hat er viel damit zu tun,
daß er seines Weges wankt.

Fragt er sich auch manches Mal,
was woll'n meine Widersacher,
kennen sie nicht meine Qual,
den Beruf als Liedermacher?

Treu kann ein Mensch nur ander'n sein,
und ein Genosse muß das wissen,
wer sich behauptet, ganz allein,
den wird kein Mensch am Ende missen.

Der Protegé
(Juni 2003)

Nie mußt' er sich Sorgen machen,
er war niedlich und so klein,
mehr als and're konnt' er lachen
und mit sich zufrieden sein.

Denn mit seinen großen Augen
nahm er alle für sich ein,
sich in ihr Gemüt zu saugen,
es zu steuern ganz allein.

Es war sein sicherer Instinkt,
die Einflußreichen rauszufinden,
wenn aber doch das Bess're winkt,
sich arg- und schuldlos zu entbinden.

Begünstigt vom Familienerbe
der Oma Kommunistenfee,
war er schon fit für das Gewerbe
als Künstler, Hofnarr, Protegé,
im Arbeiter- und Bauernstaat
der DDR von Sowjets Gnaden
gehört' er zu der jungen Saat,
zur Avantgarde nach Strich und Faden.

Sein geheimes Privileg bestand
darin, daß ihn das ZK beschützte,
selbst als vom gesellschaftlichen Rand
er mehr schadete als ihnen nützte.

So war er niemals gleich bedroht
wie mancher, der sich widersetzte,
und im Konflikt mit Macht und Not
die eig'ne Existenz verletzte.

Als er flirtet' mit dem Westen
und es noch auf die Spitze trieb,
wollt' ihn keiner weitermästen,
nur sorgen, daß er dort auch blieb.

Freunde konnt' er nicht verlieren
und auch keine Lebensfrist,
mußte nur zum Schein sich zieren
als Profiopportunist.

Denn es waren längst die Karten
schon gemischt für's neue Spiel,
und es mußte niemand warten,
zu erfahr'n mit welchem Ziel.

Seine Spalt- und Wendezunge,
ausgebildet hinter'm Harz,
dreht mit Instrument und Lunge
Lieder um von Rot nach Schwarz.

Schämt sich später dann schon fast,
einmal links marschiert zu sein,
fordert für Genossen Knast
und zuletzt Verachtung ein.

Er verbrüdert sich auch gern
offiziell mit seinesgleichen,
dient man doch demselben Herrn
in dem Land der Superreichen.

Er schwimmt so wie immer oben
und gibt stets besonders acht,
auch die richtigen zu loben,
nämlich die mit Geld und Macht.

Sein Rezept kennt viele Wege,
doch im Kern nur einen Dreh,
wem er sich zu Füßen lege,
scheidet Mensch vom Protegé.

Liederwolf
(November 2006)

Verarsche mich nicht mit dem Lied,
das ich einst sang fürs Publikum,
denn ich kenn' ja den Unterschied,
und wer es glaubte, war halt dumm.

Hab' ich mich doch unverkrampft
ganz ins Herz der linken Meute
und mit Dusel reingeklampft,
denn sie waren leichte Beute.

Dem Wolf wird man es kaum verübeln,
daß er sich seine Beute fängt,
auch Liederwolf nicht, dem in Kübeln
der Träumer sein Vermögen schenkt.

Ich bin der kleine Hilfsbedarf
und das mach' ich zur Waffe,
und die wird dann besonders scharf,
wenn ich mir Schutz verschaffe.

Freunde, die nicht zeitig weichen,
sammle ich, wie Feinde auch,
tief im Keller bei den Leichen
und vereint mit Schall und Rauch.

Wollte vielleicht jemand wagen,
auszusprechen, was ich sei,
dem würd' ich von Herzen sagen,
damit wär' auch er dabei.

Denn er zeigt doch sein Interesse
an dem Ruhm und meinem Fraß,
und steckt dann mit eig'ner Fresse
bis zum Hals drin, in dem Aas.

So könnt' jeder mir begegnen,
doch war das noch nie gesund,
denn ums Zeitliche zu segnen,
wird zuerst die Seele wund.

Drum wird mich auch nichts zerschmettern,
denn man trifft mich immer wieder
auf den großen Bühnenbrettern,
mich und meine faulen Lieder.

Rumpelstilzchen
(November 2006)

Es geht ein Kobold durch das Land,
der durch einen tiefen Spalt
heim zurück zur Menschheit fand,
ihm ward in der Hölle kalt.

In den Furchen und den Rissen,
wo er sich sehr lang versteckte,
hat die Angst ihn eingeschissen,
die auch sein Begehren weckte,
umzukehren ganz nach oben
als Familie getarnt,
heimlich tief im Wald zu toben,
und daß niemand vor ihm warnt.

Einstmals in der Gnomeszunft
suchte er mit Weibesnot
seine Chance in der Zukunft,
doch das brachte ihm den Tod.

Dann erscheint als Wiedergänger
dieser böse Gnom nochmal,
und er heißt sich Liedersänger,
Schandmaullyriker zur Qual.

Abermals durch Weibesnot
kam er in die Welt gekrochen
und hat ihr das Morgenrot
einer neuen Zeit versprochen.

Doch das Morgenrot, das brauchte
solchen Schmusesänger nicht,
der die Lügen brüllend hauchte,
als wär' das Genossenpflicht.

Einen, der auf beiden Seiten
seinen Wechselstandpunkt gründet,
wird die Unwahrheit begleiten,
bis die Lunte wieder zündet
und der Spalt sein Letztes tut,
ihn aufs Ganze zu zerreißen,
daß die Reste seiner Wut
nur noch die Mikroben beißen.

Ach, wie gut, daß du es weißt,
wer das wohl gewesen war
und noch ist, und wie er heißt,
dann ist auch das Ende klar.

3. Weltsichten: Philosophie, Religionen, Sterben und Tod

Philosophie

Standfest

Hoffen, das ist Zeitverschwendung,
Hand in Hand mit Strebsamkeit,
denn es führt nicht zur Vollendung,
nur der feste Stand im Streit.

Irrsinn

Irrsinn, das ist jeder Sinn,
nie ist er zu verfehlen,
wäre eine Logik drin,
dann die, sich Zeit zu stehlen.

Seele

Du triffst sie überall nur dort,
wo sie dich rührt zu weilen,
erfaßt du sie, dann ist sie fort,
ohne davonzueilen.

Und sicher nutzt du jede List,
sie einfach festzuhalten,
doch bleibt sie, wo du g'rad nicht bist
und gleicht im Rock den Falten.

Sie ist das sterblichste der Welt
und doch die Quelle allen Lebens,
sie bäumt sich auf, wo alles fällt,
doch niemals als ein Teil des Strebens,
des Strebens nach Verwirklichung,
nach Glück und langer Dauer,
nein, sie gleicht mehr dem Katzensprung
über die Gartenmauer.

Weder wirst du sie außenrum
noch innerhalb jemals erwischen,
kein Maßstab gilt, nicht grad', nicht krumm,
nicht über, unter und dazwischen.

Am sichersten läßt sie sich denken
als See in einem Uferschoß,
zu kühlen, nähren und zu tränken,
wohl ohne Ende ruhelos.

Sie bindet unser ganzes Sein
und all' die ungezählten Dinge
in ihre Wanderschaften ein,
ganz ohne Fessel oder Schlinge.

Solange das Vergessen nagt
und Sinnverlust dich quäle,
sei dir zum Abschluß doch gesagt,
sie ist noch da, die Seele.

Splitter

Die Welt, der Seele Widersinn,
verspiegelt, täuscht und reguliert,
verstellt den Weg zur Freiheit hin,
weil sie nicht nur den Schein regiert.

Läßt Träume auch als Kettenwerk
und seliges Versprechen,
des Strebens ganzes Augenmerk,
zur Reflexion gebrechen.

Der Körper mit der Eigenwucht,
den wir für unser'n halten,
ist doch ein Glied mißlung'ner Flucht
im Reigen der Gewalten.

Der Geist und unser hochgelobtes Denken
setzt doch dem Schmerz die Krone auf
und dient als Zaumzeug, abzulenken
vom Selbstgefälligkeitsverlauf.

Und suchst du keine Ruhe,
bist du auch nicht getrieben,
denn barfuß ohne Schuhe
kannst du die Erde lieben.

Flieh', Mensch, nicht vor der Dunkelheit,
dann brauchst du auch kein Licht
und fürchte keine Einsamkeit,
denn dir gehört sie nicht.

Seelenquell

Die Spitzen des Grases,
die Blüten am Strauch,
die sonnige Basis,
der erdrunde Bauch,
ob glasklar, ob trübe,
ich seh' ihr Gesicht,
daß ich mich drin übe,
belastet mich nicht.

Sie fällt mir ins Auge
und bleibt mir im Sinn
wie die Seifenlauge
mit Farben darin.

Die Seele der Sterne
kann ich gut begreifen,
weil Nähe und Ferne
im Irdischen reifen.

In Wurzeln und Stengeln,
im Blattwerk und Holz,
im Traum von den Engeln,
im menschlichen Stolz.

Beim Riechen und Fühlen,
in jedwedem Blick,
beim Tasten und Wühlen,
im Handwerk und Schlick.

Noch vor allen Worten
und vor jedem Sinn
durchschreit' ich die Pforten
zum Seelenquell hin.

Stimmen

Wer hat einmal dem Regen
die Stimmen abgelauscht,
die sich im Flug bewegen,
wenn er vom Himmel rauscht?

Wer könnte sie verstehen
und wäre still genug
zu hören und zu sehen
und würde daraus klug?

Die Stimmen sprechen weiter,
auch wenn sie niemand hört,
für jenen Menschenstreiter,
der sich an Worten stört.

Abgrund

Für alles gibt es Gründe,
für jedes einen Sinn,
und selbst die erste Sünde
kennt ihren Anbeginn.

Für jede Wirkung soll es doch
noch eine Herkunft geben
wie für die Suppe Topf und Koch
und für den Wein die Reben.

Kausale Logik nennt sich das
oder mit and'ren Worten zählen,
woher, warum und wie und was,
zerreißen, sammeln, wissen, wählen.

Von alters her Erkenntnisschritte
koordiniert im Hier und Dort,
erlogen über eine Mitte,
die Flucht ersetzt durch Zeit und Ort,
die nahelegt, es gäbe Ketten,
und Ursachen erfinden läßt,
als ob wir je begriffen hätten
und aufgeklärt bis auf den Rest.

Denn gibt es irgendeinen Grund,
der mehr als nur "nicht weiter" sagt?
Ganz sicher hat des Menschen Mund
es nie als Hinterteil gewagt.

Wirklich

Ein Baum hat viele Blätter
und doch nur einen Stamm,
im Schopf die Brut wird fetter
ohne den Läusekamm.

Die Engerlinge fressen
dort, wo der Maulwurf fehlt;
zu schnell wird das vergessen,
wenn dann der Anblick quält
von vielen kleinen Hügeln
auf dem gepflegten Rasen;
da neigt der Mensch zum Bügeln
und Blumenzieh'n in Vasen.

Die Ordnung und die Übersicht,
die sind dem Menschen wichtig,
und wenn das Leben widerspricht,
dann stellt er es schnell richtig.

Drum Blätter hin und Stämme her,
bedeutend ist das Zählen,
zu scheiden zwischen leicht und schwer
und frei zu sein zum Wählen.

Doch welche Freiheit soll das sein,
gefesselt an Adressen,
Bedingungen und schönen Schein,
geboren zu vergessen,

daß jede kleine Sache
durch ihre Wirkung erst entsteht,
das heißt, was ich auch mache,
das eine kommt. Das and're geht.

Erleuchtung

Im Dunkeln wie im Licht zu seh'n,
durch keinen Gegenstand zu hindern
und unverzögert weitergeh'n,
beim Spiel vielleicht verwandt den Kindern,
bevor das Auge reflektiert,
der Finger tastet nach der Wand,
die Nase vorn im Schluß plaziert,
zu jeder Zeit am Außenrand,
bevor das Leuchten Schranken sendet
und der Blick sich selbst verliert,
ist jener Schritt bereits beendet,
der den Himmel ausspaziert.

Vereitelt

Wenn es deiner Seele bangt,
weil sie friert bis auf die Haut,
und dem Tier nach Flucht verlangt,
weil es in die Zukunft schaut,
dann vermagst du zu ermessen,
wie die Quelle deiner Sorgen,
gut verdaut und schlecht vergessen,
immer mit dem Blick auf morgen,
angewachsen ist zum Fluß,
der, wie du dann plötzlich weißt,
dich mit Wurzel, Hand und Fuß
vollends jenem Halt entreißt,
der bis dahin unbeachtet
war wie wertlos und verloren,
ausgeblendet, fremdbefrachtet,
dauerschwach und ungeboren,
dessen Stärke gar allein
unterschiedslos, das ist klar,
das genau, was doch gemein
allen Menschen möglich war,
dir zu wenig und zu viel
für das eigene Verdauen
und das schöne Spiegelspiel,
unbeteiligt zuzuschauen,
wie die Freundschaft und die Treue
dann das Schicksal doch ereilt,
noch als Raub der Lebensschläue
unter Klugen aufgeteilt,

wohl beweist, und nicht erst heute,
es ist richtig, zu taktieren
und zu leben wie die Leute,
die versteh'n, nicht zu verlieren,
bis sich Raub und Räuber trennen,
denn das Klügersein macht alt,
und die Wünsche weiterbrennen,
doch die Ewigkeit ist kalt.

Klar

Ich höre klar
den Vogelschrei,
und weiß, was war,
kommt nicht vorbei.
Ganz verschwommen,
lichterstickt,
was sollt' kommen,
das erblickt,
Augenschimmer,
voller Licht,
und für immer
wohl auch nicht,
nicht einmal
für den Moment,
der nach Wahl
die Not erkennt,
die im Scheine
manifest,
ganz alleine
für den Rest
ihrer Frist,
die bereits war,
nichts mehr ist
als nur noch klar.

Lächeln

Es stirbt
und muß entsetzlich kämpfen,
verdirbt
und schüttelt sich in Krämpfen,
ein Mensch, ein Tier,
und hinterläßt
im Jetzt und Hier
den Leichenrest
als dunkle Mahnung
allen Wesen,
die letzte Ahnung
vorzulesen.

Sucht nicht und ihr werdet finden,
was euch immer zerrt und treibt,
denn durch nichts zu unterbinden
ist ein Lächeln, und das bleibt.

Mit Worten

Kann ich ein paar Worte schreiben
und zur Besserung der Welt
dabei auch beim Thema bleiben,
das sich an die Fakten hält?

Nun denn, warum sollte ich
die Kastanien holen
aus dem Feuer sicherlich
und der Glut der Kohlen?

Nur weil jemand glaubt, mit Worten
ließe sich der Weltlauf deuten
und in unserm Kopf verorten
und so leichter Hand erbeuten?

Oder ihn vielleicht zu teilen
für das Spiel der Fingerkuppen
aus dem Irgendwo zu keilen
zu dem Handspiel wie mit Puppen?

Was ich frage, kann ich hören
und mich deshalb wissen lassen,
alles würd' ich doch zerstören,
wenn 's geläng', es zu erfassen.

Siegen

Gedanken sind frei,
versprechen die Lieder,
doch seltsam dabei,
sie kehr'n immer wieder.

Das bräuchten sie nicht,
wär 's einfach die Wahrheit,
sie kleiden nur schlicht
vernagelte Klarheit.

Freiheit in Tüten
oder in Köpfen
heißt Speise hüten
in leeren Töpfen.

Und die, die ich meine,
die Freiheit für alle,
erweist sich alleine
als flüchtige Falle.

Nun, aber wie,
wo kann sie liegen?
Nirgendwo, nie,
außer im Siegen.

Wolkenhände

Des Menschen Hände wühl'n mit Fleiße
des Todes Frucht, die Erde, um
und wandeln sie zu seiner Scheiße
und biegen Zweck und Rücken krumm.

Sie tragen sich und ihre Gabe,
zu greifen und hinauszutasten,
sich selbst und übriges zu Grabe
und ihre Zukunft zu belasten.

Vielleicht die Fingerfertigkeiten,
die Chance, sanft und stark zu sein,
die Wucht zu zügeln und begleiten,
daß Stärke wächst und nicht allein,

auch daß ein Schritt den nächsten freit,
noch weniger zu brauchen,
und alles lauscht, weil nichts mehr schreit,
die Ängste auszuhauchen.

Die Atemnöte könnten schwinden,
der Fraß, die Gegenseitigkeit,
wenn Hände sich zu Wolken finden
doch zum vereinten Friedensstreit.

Karmariß

Ich hab' mich im Dunkel des Himmels verloren,
zu lang hab' ich in die Ferne geschaut,
sein Dach hat sich gegen mein Auge verschworen
und hat mir den Blick zu den Sternen verbaut.

Zudem habe ich eine Schnecke gesehen,
sie kam vom Rande der Wiese gekrochen,
ihr Weg war gefährlich, es mußte geschehen,
er wurd' jäh durch blindes Trampeln gebrochen.

Ich hörte den Vogel, er war noch ein Kind,
bei seinem gefahrvoll lauten Versuch,
die Alten zu finden durch Schreie im Wind,
deshalb wurd' ihm auch die Katze zum Fluch.

Der Himmel, die Schnecke, der Vogel und ich,
wir haben uns nochmal zusammengetan,
und keiner von uns, der erinnerte sich
und hielt sich so deshalb auch nicht an den Plan.

Den Himmel zu sehen, war mir ein Genuß,
die Schnecke verweilte am Löwenzahnblatt,
der Jungvogel flattert ins Dickicht zum Schluß,
und ich seh' mich wieder am Sternenzelt satt.

So ist es geschehen, so hebt es sich auf,
gleich welcher Plan, das Schicksal bestimmt
am Anfang und Ende den ganzen Verlauf,
und es kann geben, so wie es nimmt.

Echo

Von den Menschen angetrieben,
gesucht, gefragt und angemacht,
in Sekunden aufgerieben,
verloren in der Sinnesschlacht.

Es ist nicht nur der Straßenlärm,
der mich grundlos schwer belastet,
denn alles trifft auf mein Gedärm,
was im Hier und Außen hastet.

Gäbe es doch eine Pause,
die ich endlos nutzen würde,
wäre ich im Geist zu Hause,
sorgenfrei und ohne Bürde.

Säße auf dem Thron mein Wille,
mit dem Zepter zu regieren,
und nichts wäre außer Stille,
würde ich mich auch verlieren.

Ich griff' nach dem nächsten Klange
wie nach meinem eig'nen Leben
und wär' wie von einer Zange
wieder von dem Lärm umgeben.

Den Lärm kenn' ich und auch nicht,
denn er trifft auf Aug' und Ohren,
dabei stirbt mein Angesicht
und wird doch ganz neu geboren.

Meine Sprache, mein Verstand
bleiben hinter den Instanzen
als Begreifen mit der Hand,
immer wie ein Stück vom Ganzen.

Also hoffen, warten, lauschen,
wie 's die Übung nahelegt,
können ungemein berauschen,
ohne daß sich was bewegt.

Unbewegt und doch verloren
an der Spitze und am Rande
wird der Rest der Welt rumoren
aus gepreßtem Widerstande.

Keine Chance, wie ich sehe,
für das Wissen uns'rer Zeit,
bestenfalls, daß ich verstehe,
daß mich nichts vom Lärm befreit.

Jetzt will ich genau dorthin,
wo es mich nur wieder stört,
ohne Frage nach dem Sinn,
denn wer braucht den, wenn er hört.

Die Idee von meinem Denken
möchte ich nicht mehr behalten,
auch den Rest werd' ich verschenken
als Tribut an die Gewalten,

die in ihrem Dauerkrampf
heillos aufgehoben sind,
denn sie wähnen sich im Kampf
wie der Luftzug mit dem Wind.

Kein Bestand und keine Lücke
setzen meine Sinne fort,
und kein Rand und keine Brücke
gründen einen Zufluchtsort.

Und so sprech' ich, wenn ich höre,
wenn ich gehe, werd' ich kommen,
Schmerzen lös' ich, wenn ich störe,
und den Ruf hab' ich vernommen.

Geist

Gleicht der Geist dem Hauch im Winde
oder einem Schatten nur,
dem Reflex vielleicht im Kinde,
stets dem Neuen auf der Spur?

Oder gleicht der Geist dem Schemen,
der sich anzupassen sucht
und sich spiegelt im Benehmen,
vor der Welt auf Dauerflucht?

Oder haust er in Regionen,
die nur höh'res Dasein fassen,
dort, wo auch die Götter wohnen
und sich 's ewig gutgeh'n lassen?

Nein, er gleicht dem Licht im Feuer
und dem Schwarz der Dunkelheit
wie dem Schreckensungeheuer,
das entfesselt wird im Streit.

Ganz genaugenommen gleicht
er am meisten dem Versteck,
das zur Deckung niemals reicht,
wenn er uns ergreift, der Schreck.

Staunen

Verspielt das Staunen nicht, ihr Götter,
denn käme es ins Rutschen,
dann würdet ihr und eure Spötter
am selben Daumen lutschen.

Und dieser gäbe nichts mehr preis
von allem, was euch zuvor nährte,
und auch das Schicksal wär', wer weiß,
in eurem Bunde ein Gefährte.

Was sollte euch und uns das Staunen?
Wo, bitte, wäre sein Verlust?
Es rührte nicht an Lust und Launen
und alles Wissen blieb' gewußt.

Bleibt nicht dann der Widerstand
und das Ringen auf der Strecke,
gar das Werken mit der Hand
und im Schlaf der Schutz der Decke?

Nicht nur für Götter ist gefährlich,
wenn sie den Urkontakt verlieren,
wie sich die Menschen, sei'n wir ehrlich,
versuchen mit Distanz zu zieren.

Maschinen, Energie, Gerüste,
die beherrschen heut' die Räume
zur Vollversorgung ihrer Lüste
und ersticken letzte Träume.

Wer sich widersetzt und wehrt,
und sich nicht verliert in Launen,
dem erschließt sich umgekehrt
freies Tun und Kinderstaunen
und die Grenzen seiner Räume
werden sich von selbst erbrechen
zum Geburtsort aller Träume,
dort, wo Mensch und Götter sprechen.

Urteil

Es fällt ein Urteil auf die Erde
und spricht die Menschenseelen frei
und setzt sich fort als Urbeschwerde,
dem Wort voran entsteht der Schrei.

So trifft der Geist, der sich erhebt,
mit der Signal- und Sprachkultur
bereits den Tod, bevor er lebt,
und er erfindet Rad und Uhr.

Und der Fortschritt, wenn er dann greift,
dort wo sich Leistungszentren ballen,
ist Leichengift, bevor er reift,
und schon von Anbeginn gefallen.

Er raubt und kontaminiert
nicht nur die Atmosphäre,
er erstickt und er verschmiert
auch Flüsse, Land und Meere.

Dann sifft und siecht er sich zurück
bis an die weiten Oberflächen
und sammelt seine Last im Stück,
des Elends Nachteile zu rächen.

Doch sicher wäre da noch Zeit,
sich ganz final darum zu sorgen,
daß Strategien der Teilsamkeit
verenden zu dem neuen Morgen.

Religionen

Senfkorn

Soll mein Glaube etwas nützen,
wenn es bröckelt in der Welt,
Illusion und Hoffnung stützen,
gleich, was sie zusammenhält?

Nach Verlust und nach Gewinn
fragt der Mensch doch immer dann,
wenn ihm jeder and're Sinn
keinen Vorteil bieten kann.

Mir sitzt niemand zu Gericht,
anderes, als ich erlaube,
ich brauch' auch den Nutzen nicht,
einfach deshalb, weil ich glaube.

Dharma

Willst du dir den Weg verstopfen
und so sicher, wie es geht,
suche dir den dicksten Pfropfen,
nimm den Wind, der doch nicht weht.

Bist du damit nicht zufrieden,
weil die Frage keimt und gärt,
schlag' dich frei von Unterschieden,
nutze das Dhyana-Schwert.

Siehst du immer noch dein Leiden
und kein Ende ist in Sicht,
solltest du im Dharma weiden,
auf der Suche nach dem Licht,
und nach der Erleuchtung streben,
langsam, plötzlich oder nie,
dabei dann das Letzte geben,
um zu wissen irgendwie.

Angelangt an jenem Orte,
der der Quell des Leidens sei,
schreitest du durch seine Pforte
und bist immer noch nicht frei.

Denn wenn Wissen jenes ist,
das dir fehlte doch zuvor,
und du angekommen bist,
was hört dann dein taubes Ohr?

Rot und grün und gelb und weiß,
alle Farben kreuz und quer,
hart und weich und kalt und heiß,
es gibt keine Wege mehr,
die noch helfen oder führen,
die den Geist noch einmal stärken
und die Sehnsucht kräftig schüren,
einen Ausweg zu bemerken.

Buddha aber lächelt immer
weiter nur in sich hinein,
löse dich von seinem Schimmer
und von seinem süßen Schein.

Erlösung

Es ist eine Urlegende,
die die Kreatur verleitet,
drauf zu hoffen, daß ihr Ende,
in der Gunst des Seins bereitet,
ausgeglichen und erlöst
wird zu allem, was zuvor
nur auf Spott und Zweifel stößt
wie vielleicht das Himmelstor
oder gar der Kinderglaube,
der sich an die Engel hält,
und in Edens Gartenlaube
Früchte sammelt für die Welt.

Horizonte schaffen Bilder,
die zu schnell vergessen lassen,
daß doch Mauern oder Schilder
sie nicht schützen, sondern fassen.

Unabwendbar wird die Schlacht,
wenn ein Ort im Zentrum liegt,
der als Ausgangspunkt der Macht
zwingt, daß man ihn auch besiegt.

Und Erlösung allgemein
legt die nächste Fessel an,
denn sie kommt nicht von allein,
weil nichts nicht erlösen kann.

Sterben und Tod

Das Rad

Ich habe dem Ende ins Auge geblickt,
nichts Neues gab 's für mich zu seh'n,
der Reifen wurd' wieder wie immer geflickt,
und wird sich qualvoll weiterdreh'n.

Der letzte Schmerz

Ganz sicher ist er nicht vorbei
und wird wohl erst noch kommen,
der allerletzte Schmerzensschrei,
man hat ihn nie vernommen.

Der Schrei

Ein Schreckgefühl
in Brust und Arm,
die Haut ist kühl,
dann wird es warm.

Was hat so tief
mich aufgeweckt,
und läßt mir schief,
gespannt, gestreckt
im Fluchtversuch
die Füße knicken,
im Angstgeruch
den Sinn ersticken?

Die Haare lauschen
nach diesem Schrei,
die Ohren rauschen,
es ist vorbei.

Absturz

Die Furcht und Angst, die wird gesprengt
im Schrei, der die Gewißheit bringt,
bei dem sich Schlund und Maul verrenkt
und der den Krampf nach außen zwingt.

Den Widerhall kann jeder hören;
es ist der Fluchtraum, der uns schützt,
den Körper kann es nicht zerstören,
weil der den Schrei, der noch kommt, stützt.
Und vergewissern kannst du dich
im Falle der Gelegenheit
am Schmerze, dessen Ende sich
auch haltlos in den Absturz schreit.

Ein wenig

Ein wenig ändert sich das Klima
und stetig auch der Lauf der Welt,
sanft funktioniert der Wandel prima,
ein Zug, der durchfährt und nicht hält.

Ein wenig gab 's Probleme immer,
in jeder Lebenswirklichkeit,
und Beispiele wie sie noch schlimmer
und schicksalsschwere Not und Zeit.

Ein wenig hungern noch Millionen
auf jenem schwarzen Kontinent,
und keine Gründe, sie zu schonen,
auch weil das Land schon lange brennt.

Ein wenig nah schon an den Trümmern,
wer sollt' um anderes als sich
dann um die eig'ne Zukunft kümmern,
denn das wird zählen unterm Strich.

Ein wenig läßt sich immer geben
von dem, was jeder selber braucht,
doch muß sich niemand überheben,
bis daß es ihn zu Tode schlaucht.

Ein wenig überhebt sich immer
ein Organismus physisch doch,
und gibt 's die Furcht, es käme schlimmer,
gibt 's auch den Rand in jedem Loch.

Ein wenig Zögern ist Verzicht
aufs Greifen und Gelingen,
dann reicht 's zum Rand des Loches nicht,
und das wird dich verschlingen.

Pferdefuß

Ein alter Gruß
läßt mich verharren,
der Pferdefuß
beliebt zu scharren.

Hält sich grad hier
zu dieser Zeit
das böse Tier
zum Sprung bereit?

Könnt' ich entkommen,
gedankenflüchtig,
plötzlich benommen,
vergessenssüchtig?

Ich glaube kaum,
daß das gelänge,
denn auch der Raum
ist eine Enge.

Und ich versteh',
Volldampf nach vorn,
tut es auch weh,
ich pack' das Horn.

Es löst die Zange
und bricht den Kreis,
es wird mir bange,
weil ich jetzt weiß.

Verborgen und immer
bedacht auf den Schluß,
wird es dann noch schlimmer,
weil 's auskeilen muß.

Gestank

Sind es noch Düfte
oder ist es Gestank,
wenn ich morgens lüfte,
dem Durchzug sei Dank?

Die Katze verzieht sich
und wird mäuschenstill.
nichts Gutes, vermut' ich,
das sie sagen will.

Ach, und meine Nase,
das hatt' ich vergessen,
im Verband aus Gaze,
ist lang schon zerfressen.

Austherapiert

Es ist schon nicht mehr sonderbar,
ich habe mich daran gewöhnt,
auch wenn es früher anders war,
bin ich damit total versöhnt,
daß meine Freunde, meine Lieben,
nur nach dem Scheine noch verweilen
und Chance und Augenblick verschieben,
an der Gemeinsamkeit zu feilen,
so wie wir es uns einst versprochen,
in Vertrauen und Partnerschaft
zukünftig sicher ungebrochen
zusamm'nzusteh'n mit uns'rer Kraft.

Seit meiner langen Krankheit doch,
da wuchs der Abstand, die Distanz,
zu einem großen, schwarzen Loch,
Gemeinschaft wurd' zum Schattentanz.

Nichts blieb dann lange unversucht
und vieles ist gewiß passiert,
doch habe ich den Tag verflucht,
als ich 's erfuhr: austherapiert.

Versöhnt bin ich damit darum,
weil ich indes begriffen hab',
es war zu glauben einfach dumm,
daß es Freundschaften jemals gab.

Einmal

Die zu große Menge
Strafe hat jeder
in tragbarer Strenge
auf seinem Leder.

Sollte es dich packen,
das große Finale,
am Arsch oder Nacken,
geht 's dir wie der Schale,
die Suppe zu schöpfen
und warm zu bewahren
mit Tellern und Töpfen,
als Schicksal in Jahren.

Doch auch mit dem Male
vom ewigen Fluch
geht die eine Schale
nie mehrmals zu Bruch.

Jüngstes Gericht

Das jüngste Gericht,
was soll das sein?
Es heißt wohl, es bricht
über uns rein
oder zerbricht, wenn
unsere Welt,
geschähe es denn,
einfach nicht hält?

Kommt es von oben
oder aus Tiefen,
das letzte Toben,
weil sie es riefen,
mit der Posaune
oder Gebeten
aus schlechter Laune
niederzutreten,
was einst geschaffen
in losen Ketten,
nur, um den Affen
schließlich zu retten,
ihm dann die Flügel
der Engel zu schenken
als Himmelsbügel
erlöset vom Denken.

Und wer sich windet,
wird abwärts gelenkt,
daß er sich schindet,
weil er noch denkt.

Wohl schwer zu entscheiden,
wie ist es denn recht,
in Freiheit zu leiden
statt selig als Knecht.

Ich will euch verraten,
das jüngste Gericht,
es wirkt vor den Taten
und bleibt außer Sicht.

Verträumt

Ohren, die lauschen,
wenn sie es vernehmen
das ferne Rauschen
am Abgrund der Schemen.

So wandel nicht dort,
wohin es dich drängt,
geh' immer nur fort,
bevor es dich fängt.

Anfänglich rauschend
würd' es dich binden,
seinen Platz tauschend,
Freiheit zu finden.

Du aber schwebtest
im lärmenden Sog
als ob du lebtest,
wenngleich es dich trog.

Und es durch das Fenster,
das Welten verband,
dem Reich der Gespenster
sein Dasein entwand,
und dich, der lauschte,
mit Hilf' solcher Fessel
gegen sich tauschte
als Pfand für den Kessel,

für jenes Gefäß dann,
ahnst du es denn nicht,
das wohl nur eins sein kann,
dein jüngstes Gericht.

Enge

Treibend, schiebend, drückend, leer,
voll der finsteren Beklemmung,
schwarz und klebrig so wie Teer,
jeder Anfang eine Hemmung;

flüchtig, furchtsam und gehetzt,
ist das Vieh, das fühlen kann,
Klingen scharf, bereit, gewetzt,
die es schlachten irgendwann.

Jede Stunde, die vergeht,
nimmt der Hoffnung ihre Länge
und noch eh' es sich versteht,
wird aus Angst die Zeit zur Enge.

Walhalla

Walhall hat keine Mauern,
der Angriff kennt kein Horn,
und in den Sümpfen lauern
Gefahren immer vorn.

Und so kann niemand wissen,
zu welcher Zeit es greift
und hinter welchen Rissen
das große Brechen reift.

Es bleibt keine Sekunde,
kaum, daß es dich erschreckt,
hat dich die große Wunde
schon in den Tod gestreckt.

Und jeder Zweifel ist behoben,
womit dein Schicksal dich verknüpft,
gefesselt an das blinde Toben,
dem nur Vergeblichkeit entschlüpft.

Es ist der Platz, den du verschenkst,
verschwenderisch auf viele Arten,
damit du nur nichts tust und lenkst
und dich der Tod vergißt beim Warten.

Heilige Hallen

Nirvana, Himmel, Paradies,
Zustand, Ort und höchstes Ziel,
Schlaraffenland und süßer Grieß,
satt, zufrieden, fast zuviel;
Walhalla und die Siegesfeier
für Helden voller Kampfesmut,
Walküren, Engel, Seelenfreier
entreißen sie der Todesflut.

Dieses Ende möchte jeder,
das ein neuer Anfang sei,
Seelen, leichter als die Feder,
wiegen sich für ewig frei.

Verheißung auf den Lebensthron,
der den Tod für immer wehrt,
das Kernstück jeder Religion,
die die Selbsterrettung lehrt.

Trittst du je in diese Hallen,
die dir hoch und heilig sind,
kannst du tiefer nicht mehr fallen,
siehst und hörst du, taub und blind,
und verschlossen im Gemüte,
daß dein großes Himmelsglück
und des lieben Gottes Güte
nichts sind als der Weg zurück.

Die fernste Stunde

Die fernste Stunde ist die Zeit,
die mich findet in der Tür
von Verlust und Ewigkeit,
wo ich noch das Feuer schür'.

Doch möchte ich auf keinen Fall
sie jemals echt erreichen,
das wäre wie nach einem Knall
mit aufgeweckten Leichen.

Die Schmerzen kämen tausendfach
und Schrecken unaussprechlich,
sie riefen alle Höllen wach
und nichts wär' unzerbrechlich.

Wohl auf den kleinsten Punkt gebracht
gäb' es dann nichts als Wunde,
denn niemals so wie es gedacht
zeigt sich die fernste Stunde
als das, was augenlose Nacht
gebiert und zeugt von Sinnen,
zum bodenlosen Druck erwacht,
in Raserei nach innen.

So fürchte dich, und du tust recht,
zum Ziele jemals zu gelangen,
weil sich der Schein der Aussicht rächt,
bist du erst einmal ganz gefangen.

Ich frag' mich nur, wie soll das geh'n,
daß ich den Aufschlag stets umrunde,
denn es ist nicht zu überseh'n,
die fernste ist die nächste Stunde.

Finster

Nur noch ein dünner Faden
hielt mich, ich wurde schwach.
Was konnte mir schon schaden,
ich war doch kaum noch wach.

Die letzten Dämmerlichter,
die ich im Nebel sah,
erschienen wie Gesichter,
als mir all das geschah.

Als schlösse sich ein Fenster,
und ich konnt' es nicht hindern;
im Dunkel nur Gespenster
und Panik, nicht zu lindern.

Schnell habe ich verstanden,
daß sich Gespenster nur
in meinen Ängsten fanden,
es ist ihre Natur.

Doch wollt' ich deshalb hoffen,
es kehre Ruhe ein,
gibt sich der Ausweg offen,
am Ende nur als Schein.

Fast unbemerkt, mit einem Ruck,
verfinstern Reste körperlos
mit einem ungeheuren Druck,
die Schreckensnot unendlich groß.

Da war die Welt, die alles spürte,
doch ausgeliefert und verloren
und nichts, das da noch weiterführte,
für immer dort, doch ungeboren.

Das Ende eine Illusion,
die sich stets erleiden mußte
als Letztgewißheit sicher schon,
weil ich 's wohl auch immer wußte.

Es gibt ihn, den Verfall,
doch nicht das glatte Sterben
als Fluchtausweg ins All;
was bleibt, ist nur Verderben.

Der Sinn

Bleibe ich denn noch am Leben,
wenn die Hülle von mir fällt,
und wird 's eine Seele geben,
die mein Ich zusammenhält?

Wohl ganz sicher werd' ich bleiben,
so wie ich schon immer war,
ob in Würfeln oder Scheiben
widersteht es sich doch klar.

War mein Ichsein als der Wand'rer
mit Gehirn und Fuß und Hand
so sehr deutlich denn ein and'rer
als derselbe Widerstand,
den ich kenne, schon seit Zeiten,
und auch fürchte immer noch,
wußte ich doch von den Weiten
und dem endlos tiefen Loch?

Nun, ich möcht' es mal beschreiben
als den Irrtum am Beginn,
denn ich werd' gewißlich bleiben,
wo er fehlt, der ganze Sinn.

Schwarze Blume

Schwarze Blume, fängst du nicht
für dein finsteres Gebaren
viel zu viel vom Sonnenlicht
und den strahlenden Gefahren?

Lockst du nicht die Kreatur
oder jedes and're Wesen,
deine widrige Natur
einfach aus dem Weg zu lesen,
zu zertrampeln und zerstören,
weil an dir rein gar nichts ist,
was die übrigen verlören
oder irgendwer vermißt?

"Siehst du", spricht die Blume leise,
"alles, was man sagt und denkt,
wurd' schon auf die letzte Reise
in das Nirgendwo gelenkt.

Meine Brüder und die Schwestern
haben mich sehr wohl gefunden
und mein Licht im Rauch von gestern
von der Sterblichkeit entbunden."

Der Stachel des Todes

Für eine Frist nur hält der Leim,
das Leben tropft an sich herab,
so streckt sich dann von Saat zu Keim
die Sterblichkeit bis in ihr Grab.

Auch ist damit noch nichts erklärt,
wenn jemand spricht: "Ich lebe doch",
weil er nur sagt, was er erfährt
als Spatenstich am großen Loch.

Was dem Tod den Stachel nimmt
und am Ende ganz genau
wie ein voller Fahrplan stimmt,
ist der Ängste Drahtverhau.

Alle Hoffnung lasse zieh'n,
und statt dessen lade ein,
denn dem Flüchten zu entflieh'n,
dient der Sterblichkeit allein.

Fehlt dir so zum Schluß das Licht,
das du immer vor dir siehst,
bin ich sicher, stirbst du nicht,
vielleicht, weil du nicht mehr fliehst.

Der Blitz

Der Blitz entlädt den Himmel schnell,
versteckt sich nicht, und er schlägt ein,
sein Zorn und seine Kraft sind grell,
der Augenblick gleicht seinem Schein.

So wie sein Donnerkeil, der kracht,
wenn er sich durch die Lüfte schlägt,
und alles spalten kann mit Macht,
die er in seinen Aufschlag legt.

So sollt' das Schicksal jemals dich
mit einem Blitz heimsuchen,
und es brennt schmerzhaft fürchterlich,
dir bleibt nicht Zeit zu fluchen,

weil schon der nächste Blitz dich schlägt
und läßt die Knochen beben,
bis daß das Herz sich wieder regt,
du kehrst zurück ins Leben.

Und schneller noch als je gedacht
begreifst du in dem Augenblick
und ohne daß es blitzt und kracht,
den ganzen alten Schöpfungstrick.

Von Licht zu Licht,
von Blitz zu Blitz
und weilen nicht,
das ist der Witz.

4. Antikriegsgedichte

Hunde des Krieges

Die Aussicht des Sieges,
der Gegner verletzt,
hat Hunde des Krieges
auf Fährte gesetzt.

Kriegslärm

Das eig'ne Wort kannst du nicht hören,
weil Säbel, Schüsse und Kanonen
das Sprechen schon im Ansatz stören
und dabei keine Fliege schonen.

Fahnenflucht

Ich laufe, ich renne, ich will nicht mehr,
ich breche im Boden mein Seitengewehr
und werfe die Waffe im Zorn hinterher,
zum Töten zu leicht, zum Tragen zu schwer.

Hast du jemals schon gesehen,
zwischen Blut und Menschenteilen,
wie Kind-Mutter Augen flehen,
ohne Aussicht, je zu heilen?

Hörtest du jemals das Schrei'n
eines Menschen, schwer verletzt,
neben seinen Innerei'n,
explosions- und stahlzerfetzt?

Keine Chancen, noch zu flieh'n,
haben sie am Ende nur
voller Grauen aufgeschrie'n,
Menschenseelenqualen pur.

Nicht nur Städte, Häuser, Straßen
trümmern sie zu Schutt und Staub,
sie sind über alle Maßen
auch für Not und Schmerzen taub.

Die, die dann am Ende eilen,
den geraubten Lebensraum
unter Partnern aufzuteilen,
kümmern die Verlierer kaum.

Dafür töteten sie doch,
aber wehe, wag es nicht,
und steh' auf und sag' das noch,
dann droht dir auch ihr Gericht.

Urteil "schuldig, Terrorist,
Unterstützer böser Achsen",
lebst du nur noch ihre Frist,
bis dir Teufelshörner wachsen.

Ich laufe, ich renne, ich will nicht mehr,
ich breche im Boden mein Seitengewehr
und werfe die Waffe im Zorn hinterher,
zum Töten zu leicht, zum Tragen zu schwer.

Kriegstanz

Zitat aus dem SAT.1 Text vom 08.12.1998, Tafel 119: "ALLGEMEINES:
Atom-Halde. Australien soll nach Auffassung eines Clinton-Beraters zum "Endlager für Atommüll aus der ganzen Welt" werden ("einzigartige Lage, politische Stabilität"). Die Australier werden sich bedanken ..."

Der letzte Aboriginal
schmückt sich für den Krieg
gegen atomaren Müll
und des weißen Mannes Sieg.

Wenn die USA beschließen,
daß sein Land im Abfall brennt,
müssen sie ihn schon erschießen,
töten wie den Kontinent.

Dieser kleine Kontinent
hat auf seinem großen Rücken
niemals Land und Volk getrennt,
und es wird auch jetzt nicht glücken.

Denn die Stämme wußten immer,
aller Siegermächte Frieden
machen Schmerz und Nöte schlimmer,
bringen Blut und Trotz zum Sieden.

Ist die höchste Stufe dann
von Mißbrauch und Raub erreicht,
kommt sie bei den Grenzen an,
wo der Krieger nicht mehr weicht.

Stets hat dieser Kontinent
Mensch und Tieren tief genützt,
und des Kriegers Herz erkennt,
wie er ihn am besten schützt.

Hirtenzorn

Wir haben noch die Lieder,
wir haben noch den Mut,
nichts wirft die Herzen nieder,
und Schmerz ernährt die Wut.

Der Kampf geht nicht nur weiter
so wie in jedem Krieg,
die Schmach gebiert die Streiter,
die Not gebiert den Sieg.

Wir hatten sie geboten,
die unterdrückte Hand,
und unseren vielen Toten
die Seele ausgebrannt.

Der Feind hat sie getreten,
es reicht ihm nicht die Macht,
das Flehen und das Beten,
das hat er nur verlacht.

Er wollte unser Zittern,
er wollte uns're Schmach,
in seinem Blutrausch wittern,
was er so oft zerbrach.

Er soll das Zittern spüren,
die Schande und die Pein;
wenn wir die Schläge führen,
dann ist er ganz allein.

Kosovo Pamphlet

Sheriffs Stern am Horizont
macht sich in Europa breit,
wandelt einen Streit zur Front
und befiehlt Gerechtigkeit.

Bomben und Soldaten sollen,
wenn's nach seiner Nase geht,
den Konfliktfall überrollen,
bis man das Gesetz versteht.

Freie Völker, aufgewacht,
bei der Rechte Güter,
USA heißt Supermacht,
nicht Gesetzeshüter.

Purple Heart

Tausend Tote mehr
können uns nicht schaden,
wir bedauern sehr,
wenn wir Bomben laden.

Kranken, Kindern, Müttern,
Rettern in Zivil
Humanismus füttern
als Raketenziel.

Bitten und Gebote
vom besiegten Lande
fordern weiter Tote
durch die Siegerbande.

Bündnis oder Bande
ohne Unterscheidung,
Recht, Gewalt und Schande,
Wolf in Schafsverkleidung.

Warum soll der Westen
noch den Frieden wollen?
Steht es doch zum besten,
wenn die Köpfe rollen.

Frieden haben
soll bedeuten
Gräber graben,
Glockenläuten.

Tot geschlagen,
gut gespart,
Schmerzen tragen,
Purple Heart.

Angriffsrecht

Jeder Krieg ist eine Lüge,
denn sein Inhalt ist Gewalt
und Zerstörung der Gefüge
für den friedlichen Erhalt.

Gestern polnische Soldaten,
heute Terroristenstreich,
unterscheiden sich die Daten,
doch die Strategie ist gleich.

War es nicht der Gleiwitzsender,
wegen dem, zurückgeschossen,
Blut und Tränen vieler Länder
über ihre Grenzen flossen?

Gänseblümchenschneider

Bomben gibt es viele Sorten,
Explosionsgeschosse auch,
einsatzfrei an allen Orten,
und die Sprengkraft, Hitze, Rauch
tötet wie die kleinen Waffen
in den Händen der Soldaten,
nur daß sie mehr Menschen schaffen,
und ersparen Sarg und Spaten.

So auch Gänseblümchenschneider,
dieses Massenmordgerät,
das, wie ihre Schwestern leider,
selbst nicht erntet, was es sät.

Eine Bombe dieses Namens,
die sich wie ein Auto mißt,
ist ob des Vernichtungsrahmens
angeseh'n, weil sie viel frißt.

Und weil sie so viel bereinigt,
einhalb Meilen im Quadrat,
wird ihr Gründlichkeit bescheinigt,
längst erprobt in Krieg und Tat.

Und der Vorwand, auszumerzen
und das Böse zu bezwingen,
macht den Feinden Höllenschmerzen,
wenn sie mit dem Tode ringen,

denn die Bombe ist zu groß,
um die Opfer zu verfehlen,
und treibt mit dem Flammenstoß
Pein und Qual aus tausend Kehlen.

Industriegezeugter Tod
und vom Militär verwandt,
kommt zum Einsatz ohne Not
sicher nicht im Heimatland.

Wieder sind es fremde Leben,
fern genug und angepeilt,
ihnen auch die Schuld zu geben
für den Krieg, der sie ereilt.

Angetrieben von der satten
Wertgemeinschaft dieser Welt,
die schon immer alles hatten,
was sie hoch im Sattel hält,
lassen Generäle feuern,
militärisch offiziell,
denn sie kriegen dafür Steuern,
daß es brennt, das fremde Fell.

Requiem Amerika

Die Ordnung kommt von oben,
von unten kommt sie nicht,
das Recht, das wird verschoben
auf Schuld und Strafgericht.

Sie ordnen ihre Güter,
sie ordnen auch das Land
und sind der Menschheit Hüter,
hab'n alles in der Hand.

Sie ordnen dann schlußendlich
die Völker und die Welt,
bekämpfenswert und schändlich,
wer nicht zu ihnen hält.

Die Ordnung einer neuen Welt,
Verbesserung der alten,
die sicherer das Zepter hält
als Spitze der Gewalten,
die nämlich immer schon regieren
zu immer gleichem Sinn und Zweck,
die Vorherrschaft nicht zu verlieren
und die Kultur im eig'nen Speck.

Daran soll nicht die Welt genesen,
vielmehr steht sie zu dienen an,
wofür dann auch der Eisenbesen
am besten garantieren kann.

Nicht nur das Öl, das Gas, die Erze
begründen Bomben, Panzer und Raketen,
nein, daß der Krieg auch das ausmerze,
das sich nicht fügt zu christlichen Gebeten.

Kurzum, die Welt Amerika,
die schon seit ihrem ersten Tag
nie and'res als das eig'ne sah
und damit immer vorne lag,
das tut sie eben auch so lange,
bis sich die Erde selbst erhebt,
und Stars and Stripes nebst Fahnenstange
verschwinden, weil die Freiheit lebt.

Hosenmatz

Räch' die Brüder und die Väter,
haben sie zu dir gesagt,
Tränen rollen besser später
und am Ende wird geklagt.

Nimm deine Waffe und das Messer,
den Rest, den lernst du auf dem Feld,
mit jedem Toten wird es besser
und wenn du siegst, bist du ein Held.

Mit jeder neuen Angriffswelle,
die 's dir gelingt, zurückzuwerfen,
vernichtest du nur Kriminelle,
um ihre Mordlust zu entschärfen.

Bald ist Afghanistan befreit
von diesen kranken Terroristen,
denn es siegt die Gerechtigkeit
der Moslems, Juden und der Christen.

Daß du, dreizehn Jahre alt,
gerne in der Schule wärst
und geschützt vor der Gewalt,
die du auf dem Feld erfährst,
oder mit den vielen
Freunden auf dem Fußballplatz
lieber bist zum Spielen,
dafür kämpfst du, Hosenmatz.

Beute

Amerika läßt grüßen,
es greift auch bald schon an,
und alle sollen büßen,
die schwankten irgendwann,
die ihm nicht einfach trauten,
dem kranken Weltensinn
und lieber erstmal schauten,
wo geht die Reise hin.

Wird erst einmal beliebig
das Böse postuliert,
das mörderisch und triebig
und unsichtbar agiert,
dann finden sich auch Gründe,
mit Militärgewalten
den eig'nen Teil der Sünde
geschichtlich auszuschalten.

Mit populären Fahnen
zu morden und zu plündern,
ergiebig abzusahnen
zur Besserung von Sündern,
das will es uns verkaufen
als Friedenskrieg, hurra,
wenn wir nur mit ihr laufen
als BeuteUSA.

Prävention

Man wird in den nächsten Wochen,
Uno hin und Veto her,
unser Recht auf Napalm kochen,
Frieden, den gibt's dann nicht mehr.

Tausende, wie Vieh getrieben
in den Hunger und den Tod,
zwischen Bomben aufgerieben,
eingekesselt in der Not,
hatten nie Gelegenheit,
ihre Feinde zu befragen,
wer da wen von was befreit
oder nein dazu zu sagen.

Vordergründig Ölinteressen
motiviert die Raubmission,
so als sollte man vergessen,
es geht um den großen Lohn
Vollherrschaft und Letztkontrolle
über eine ganze Welt
und wer die Gesetzesrolle
schreibt und in den Händen hält.

Spricht man von Verteidigung
und meint Intervention,
ist es nur ein kleiner Sprung
hin zur Okkupation.

Und so sieht wie Mister Bush
auch die Bundeswehr zum Schluß
ihr Revier am Hindukusch
und ihr Recht zum ersten Schuß.

Doch nicht nur im Feindesland,
sondern bald als Polizei
hält uns die Soldatenhand
auch von Taschendieben frei.

Präventiv auf alle Kleinen,
großer Bruder, schlage zu,
können sie auch heut' nur weinen,
morgen wär'n sie groß wie du.

McSimple

Sie wollen doch Coca Cola
McDonald's und Pommes frites,
sie importieren USA
Musik für ihre Kids.

Denn Dollar und Kredite,
da wenden sie nichts ein,
Gewinne und Rendite
im Neonröhrenschein.

McDonald's und McChicken,
Fast Food und Schnellkultur,
warum dann diese Zicken,
warum der Ärger nur,
wenn nach den Gesetzen
der Sheriff sich erhebt,
ihr Land auch zu besetzen
und was da sonst noch lebt?

In abgezählten Stücken,
auf highwaybreiter Spur,
die Menschen zu beglücken,
mit westlicher Kultur
zum Besseren bekehren
aus bibelfester Sicht,
warum sie sich da wehren,
versteht der Sheriff nicht.

Die Bombe

Die Zündschnur
ohne Ende,
Brandnatur,
böse Hände,
sind der Grund
für 's Bombenlicht,
im Befund
ganz sicher nicht.

Die Gesellschaft
als Konstrukt
fesselt Sprengkraft,
bis es ruckt.

Raub und Regel
und Profit,
Flaggensegel
reißen mit.

Noch bevor dann
enge Not
explodier'n kann,
herrscht der Tod.

Jeder Zwang auch,
gut verteilt,
ist der Zündrauch,
der nicht heilt.

Und die Schmerzen
und das Leid
gleichen Kerzen,
die ihr seid.

Schied vom Dunkel
nicht das Licht,
Schmerzfurunkel
gäb' es nicht.

Unmut

Hört ihr die Stimme des Unmutes nicht
und nicht ihr Heulen und Klagen?
Wenn sie dereinst dann direkt zu euch spricht,
wird eure Stimme versagen.

Flexibel, mobil, Eineurojoblohn,
gerade genug zu verwelken,
doch für die Wirtschaft, da lohnt es sich schon,
Mangel und Armut zu melken.

Hunger und Kriege grad dort arrangier'n,
wo noch aus den alten Tagen
Menschen im Fieber des Elends erfrier'n,
weil sie die Herrn nicht mehr tragen.

Schmerz, Angst und Not und Teilhaberschaft,
ellbogenspitz Konkurrenzen
fesseln den Stolz und die Freiheitskraft,
lassen die Ausbeuter glänzen.

Meinungsgleichschaltung und Mediennebel,
Folter und Unrecht und Kriege
sind euer Werkzeug und sind eure Hebel,
fördern den Schein eurer Siege.

So hört ihr die Stimme der Mutigen nicht
und werdet es zu spät erfassen,
wenn euch eure sichere Festung zerbricht
und euch eure Diener verlassen.

28. August 2008 bei Kundus

Meßt die Soldaten,
die niemand rief,
an ihren Taten,
so hoch wie tief,
und Zivilisten,
auf falscher Spur
und Aufmarschpisten,
verstockt und stur.

Eine Frau tot,
zwei Kinder auch,
Entscheidungsnot
und Blut und Rauch,
und, fürchterlich,
der Chef im Feld,
entschuldigt sich
und bietet Geld.

5. Mythen, Zauber, Träume

Eddas Blut

Es gibt ein Lied
und nicht gesungen,
das früh verschied
und schnell verklungen
in grauer Zeit
ein Werkzeug war
zum großen Streit,
wohl mittelbar
als Schlüsseleisen,
und waffengleich
geeicht zu reisen
ins Götterreich;
dort angelangt
es zu verehren
und wenn's nicht wankt,
sich seiner wehren,
es zu erstürmen
und fortzufegen
mit seinen Türmen
und Göttersegen;
im blinden Rasen
die Zepter rauben
und jenen Asen
nichts mehr erlauben;
und selber endlich
mit den Gewalten
den Göttern schändlich
Gericht zu halten;

und machen dort,
ohne zu zaudern,
Asgard zum Hort
von Schmerz und Schaudern,
zum Sterbelager
der alten Fürsten,
die schattenmager
nach Rückkehr dürsten,
mit schweren Ketten
sie fest dann binden,
nie mehr zu retten,
nie mehr zu finden;
und immer weiter
dorthin voran
als Himmelsstreiter,
wo es begann,
das große Thing,
um mitzusprechen,
und dann den Ring
der Edda brechen.

Ragnarök

Heimdall hält die treue Wacht
an der Regenbogenbrücke,
doch mit Arglist in der Nacht
sucht der Frost sich eine Lücke.

Loki macht sich still und leise,
wie muß er den Vater hassen,
zu den Riesen auf die Reise,
sie in Asgard einzulassen.

Fern hören wir den Fenris heulen,
die Frost- und Feuerriesen rüsten auf,
bewaffnet mit den alten Keulen
verändern sie den Weltenlauf.

Odin hat den Feind entdeckt,
steht er doch wie immer vorn.
Wo hat er es denn versteckt,
das berühmte Gjallarhorn?

Und mit grauenvollen Zähnen
packt die Schlange selbstvergessen
ihren Schwanz, sich auszudehnen,
um die Erde nicht zu fressen.

Wenn Hugin und Munin im göttlichen Rat
von Menschen und Tieren und Wetter berichten,
dann schreiten die Asen zur mächtigen Tat
und finden sich ein in deren Geschichten.

Wotan bläst die Wolken an
und ruft Freund und Feind zur Pflicht,
Sturmesriesen, wenn er kann,
doch gehorchen sie ihm nicht.

Wie die Wurzel in der Erde
birgt des Bösen vollen Keim,
daß es einmal Wahrheit werde,
Ragnarök in Trollenheim.

Affenwort

Der Mensch sprach zum Affen,
du bist nicht imstande,
was ich kann zu schaffen,
es ist keine Schande.

Hast du auch Empfinden
wie ich und ein Herz
und kannst sie verbinden
zu Freude und Schmerz,
und hast dein Zuhause
am Felsen im Baum
wie ich in der Klause
den sicheren Raum,
und will es so scheinen,
dein aufrechter Gang
auf den krummen Beinen
erhebt deinen Rang
auf menschliche Höhen,
dann täuschst du dich sehr,
du Heimstatt von Flöhen,
der Schritt ist zu schwer.

Nichts kannst du verstehen,
dein hilfloser Blick
mag vielerlei sehen,
nur nicht dein Geschick.

Der Sprache nicht mächtig
verkümmert dein Hirn,
dein Fell ist wohl prächtig,
doch gegen den Zwirn
aus menschlichen Händen
ist seine Natur
zu nichts zu verwenden
und ohne Kultur.

Ich habe die Kleider
und bin darauf stolz,
auf Schuster und Schneider,
auf Eisen und Holz,
und wie wir es nutzen
zum Menschengebrauch
und Urwälder stutzen
und Bergriesen auch.

Ich kultiviere
die Sümpfe und Felder,
domestiziere,
schaff' Märkte und Gelder,
bau' Straßen und Städte,
find' Technik und Geist,
verknüpfe die Drähte,
daß Strom fließt und kreist.
Ich schaffe die Lichter
auf Erden bei Nacht,
Regierung und Richter
und menschliche Macht.

Was also dann weiter,
du affiges Fell,
verschwind' von der Leiter,
endgültig und schnell.

Der Affe versteckt sich
im höchsten Geäst,
sein Grunzen bewegt mich,
die Welt und den Rest.

Denn er hat gesprochen,
vollendet und klar,
das Siegel gebrochen,
das seines nicht war.

Oh, Himmel und Erde,
oh, Wasser und Land,
oh, grausame Herde
im Menschengewand.

Ihr sprecht in die Schatten
der eigenen Art,
und glaubt, nur den Satten
bleibt Hunger erspart,
und habt euch doch endlich
so furchtbar geirrt,
im Selbstgespräch schändlich
die Seele verwirrt.

Denn seht, jeder Affe
spricht mehr als ihr alle,
bedarf keiner Waffe
und nutzt keine Falle,
nur um zu obsiegen
im menschlichen Wahn
und dauerverstiegen
auf einsamer Bahn
am Ende bezwungen
zu lernen, daß reden
nicht Sache der Zungen,
statt dessen für jeden
das Zuhören sei
aus langer Bewegung
und nicht aus dem Schrei
der kurzen Erregung.

Der Affe, er zischt
mit eigenem Sinn,
ein Donnerhall wischt
den Dorffrieden hin.

Das Gespenst

Denkst du auch, daß du es kennst,
ist es doch nur eine Ausflucht,
denn ich sprech' von dem Gespenst,
das den Menschen quält und heimsucht.

Nicht von jenem, das mit Ketten
laut durch die Gewölbe rasselt
und vor dem dich Kreuze retten,
wenn es dir dazwischenquasselt.

Nicht von jenen in den Schlössern,
die mal mit, mal ohne Helme,
auch auf gut geschmückten Rössern
kopflos aufführ'n sich wie Schelme.

Auch nicht, die an Friedhofsmauern,
brave Menschen zu erschrecken,
manchmal als Gerippe lauern,
nur, um Angst und Furcht zu wecken.

Oder solche von den vielen,
die an wirklich stillen Plätzen
nur mit deinen Haaren spielen,
um dich dann davonzuhetzen.

Nein, das sind Gespenster nicht,
und das auch aus gutem Grund,
denn mit menschlichem Gesicht
tun sie sich als Täuschung kund.

Das Gespenst von alters her
macht den Menschen müd' und trübe,
es macht seine Sinne schwer,
schafft und nährt Verwirrungsschübe
und wächst aus, der Mensch nimmt ab,
und was dieser immer treibt,
alles führt zu seinem Grab,
das Gespenst jedoch, das bleibt.

Nun, Gespinst hieß es vorzeiten,
weil ihm Menschen nie entkamen,
denn es konnt' nur jene reiten,
die sich dann das Leben nahmen.

Dämmerung

Uferlos, das ist sein Name,
seine Wirkung ist massiv,
viel gewachsen, doch ein Same,
herrscht er über Hoch und Tief.

Schatten, das sind seine Spuren,
und das Licht, das saugt er auf,
und wo Götterwagen fuhren,
macht er seinen Morgenlauf.

Suchst du immer noch Vergleiche,
mußt du wohl das Ärgste wagen
und mußt reisen in die Reiche,
die es gab schon vor den Sagen.

Und entdecken, was du wußtest,
lange schon vor deiner Zeit,
als du ihm noch dienen mußtest,
denn er hat dich auch befreit.

Doch dann wirst du es erfahren,
worum es für jeden ging,
welches uns're Wünsche waren,
als es noch am Schicksal hing.

So auch klärt sich deine Lage,
was hast du daraus gemacht,
aus der Freiheit, wär' die Frage,
sie zu schlagen, jene Schlacht?

Jene Schlacht, die er als Sieger
immer wieder neu belebt,
ewig einsam wie der Tiger
sich dagegen doch erhebt.

Und die schwächsten der Verräter
so an seine Stärke bindet,
daß sich für sie, wenn auch später,
eine echte Chance findet.

Nur die Chance sicherlich,
nicht zu zögern, aufzubrechen,
und dann fortan Hieb auf Stich
streiten, ringen, siegen, rächen
und zu trotzen den Gewalten
und zu kämpfen ohne Rast,
um die Freiheit zu erhalten,
die du doch erfahren hast.

Wer und welche Freiheit denn
sollten deinen Zorn begehren?
Eben diese, die ich kenn'
und gelernt hab', hoch zu ehren.

Uferlos von Anfang an
ist doch einfach nur die Frage,
ob man sich befreien kann,
und sie fortschreibt, jene Sage.

Seelenwind

Schornstein heult und Bäume rauschen
durch die Kraft von vielen Winden.
Wollen sie die Rollen tauschen,
oder nur den anderen finden?

Geheim

Im tiefen Loch
ein Flügelschlag,
der Ferne Joch
zu Ende trag;
mit spitzem Schrei
im Griff der Kralle,
am Ziel vorbei,
zerfetzt die Falle.

Dunkelzeit

Sinke in die Dunkelheit,
dort, wo deine and'ren Sinne
bald, zum Tastgefühl befreit,
Netze greifen wie die Spinne
und in Resonanzen baden
mit der Chance, auch genau
über einen einz'gen Faden
schneller merken, als die Schau
jemals Wissensbrücken schafft,
wer und was da sich bewegt,
wie, warum, mit welcher Kraft,
noch bevor man überlegt
und zu lange reflektiert,
angreift oder flüchten kann
und den Augenschein blamiert
als des Schlafes Vorgespann.

Lausch und taste, Vibration
oder weite, dumpfe Wogen,
Stimmen, die dir ohne Ton
vielgestaltig, unverbogen,
solches zu berichten wissen,
was du niemals sonst erfährst,
wenn, durch Bild und Wort zerrissen,
du den Sinn nach außen kehrst.

Find' dich ein und wende dich
wieder dem Gesichtsfeld zu,
ohne daß sein greller Stich
aufschreckt aus der wachen Ruh',

denn das Licht und alle Bilder
sind, wenn dir der Tastsinn fehlt,
eh'r Verstecke oder Schilder
für das, was die Welt beseelt.

Untot

Einem Gemüse gleich, du weißt,
reift dein Gewebe und verfällt,
die Flüssigkeit, die in dir kreist
und die dich in Bewegung hält,
sackt ab und macht sich langsam rar,
weil dir die Zeit die Spannkraft raubt,
und bald ist nichts mehr, wie es war,
selbst die Gelenke sind verschraubt.

Die letzten Fluchtversuche dann,
die dir nochmal im Schmerz gelingen,
scheitern ganz sicher irgendwann
am lebenslangen Todesringen.

Deine Fassade, sie verliert,
wird mit den Jahren grimmer,
das kleine Kind, es schwitzt und friert
und wechselt fort für immer,
für immer wohl in ja und nein,
in oder - und, sowohl - als auch,
in Minus - Plus, in Schein und Sein,
in Feuer oder seinen Rauch.

Der Kehrwert deines Lebens ist
das Sterben und der letzte Schmaus,
der dich genau wie du ihn frißt,
und immer noch ist es nicht aus.

Denn ich find dich und nehm dich mit
bestimmt auf keine traute Furt,
es folgt kein erster Letzter Schritt,
der Tod bleibt aus und die Geburt.

Und endlich seelenlos und frei
und ohne Sinn und ohne Halt
flieht dich die Henne und das Ei,
warst du nie jung und wirst nicht alt.

*

Untot wandel ich im Schatten,
gerne trage ich sein Licht,
straf die Starken und die Satten,
sitz der Seele zu Gericht.

Und ich schütz die, die versagten,
und die, die sich nicht mehr finden,
und die Schmerz- und Peingeplagten,
die sich in Verzweiflung winden.

Den Verfolgten schaff ich Platz,
wenn sie untot, seelenlos,
frei von Streben, fern von Hatz
fortbestehen ohne Schoß
und sich tief und gut verbergen
vor der Sonne Tageslast
und in Schächten und in Särgen
sich berauschen an der Rast.

*

Schattenwesen, das bin ich,
nun, du willst es wissen,
dann genieß es, fürchte dich,
denn du hast verschissen.

Geheimnis

Ein Kind hat hier gesessen
und hat davon geträumt,
das Elend zu vergessen,
das seine Stunden säumt.

Der Abdruck seiner Hose
gräbt sich im Sande ein,
ein großer Busch mit Rose
schützt es vor Sonnenschein.

Im Traum sah es die Biene,
die es dann zu sich rief,
und hielt mit ernster Miene
die Hand, auf der sie lief.

Dann sagt das Kind zum Tiere:
"Nun flieg schon fort und geh,
daß ich den Traum verliere
und wieder richtig seh'."

Die Biene hat verstanden,
hob ab und flog nach oben,
als war sie nie vorhanden
und nur der Blick verschoben.

Jetzt sind die Augen offen,
das Kind, es träumt nicht mehr,
es wird im stillen hoffen
auf Schlafes Wiederkehr.

Da hörte es das Brummen
im Busch der Rose wieder,
und es begann zu summen:
"Komm, laß dich nochmal nieder."

Die Biene hat verstanden,
sie fliegt vom Rosenbaum,
auf seiner Hand zu landen,
also war es doch kein Traum.

Das Ungeheuer

Oh, grauslige Finger,
da lauert die Hand,
was sind das für Dinger
am äußersten Rand?

Sie wollten sich strecken,
mein Körper verschwand,
ich konnt' mich verstecken
hinter der Wand.

Doch hat' ich vergessen:
im graugrünen Loden,
hat es gesessen,
dort unten, am Boden.

Ein fester Traum

Wer sich nicht ändert, bleibt sich treu,
und oft erfährt er 's schmerzlich,
denn alles wandelt sich, wird neu
und grüßt die Zukunft herzlich.

Was Menschen auch geschehen ließen
dafür, daß Räder weiterrollen,
sie müssen meist die Augen schließen,
damit geschieht, was sie auch wollen,
dem großen Vorteil hinterher,
zu diesem Zweck auch mal allein,
und sicher kurz, das ist nicht schwer,
man darf nur nicht gebunden sein.

Verläßlichkeit wird sich erweisen
als das, was ein Kalkül nicht ist,
als Nahrung aller Müh'n und Reisen,
an der sich niemand überfrißt,
die immer dort, wo man sie braucht,
in einem Zug und atemleicht,
ganz wie man eine Pfeife raucht,
für jede uns'rer Taten reicht.

Und fragt einmal die Mensch-Geschichte:
"Wie konnte ich bezwungen werden?",
tu' sich der Mund auf und berichte
von einem Pflanzenvolk auf Erden,
das fest am Orte bleibt und weilt.
Auch mancher Mensch ist da geblieben,
durch nichts bedrängt und ungeteilt.
Sein böser Traum wird so vertrieben.

Nachtmahr

Den Himmel ziert
ein schwarzes Band,
der Teich, er friert
an seinem Rand.

Das Mondlicht liegt
im Wolkenbett,
Schneeflocke fliegt
auf 's Fensterbrett.

Vom Licht der Rest
vergabelt sich
im Baumgeäst
ganz sonderlich.

Der Schatten sucht
den Weg zurück
und bleibt verflucht
und ohne Glück.

Ein Vogelschrei
ganz in der Näh'
zieht kurz vorbei,
wo ich nichts seh'.

Und manchmal stört
die Tür, die schlägt,
doch ungehört,
durch nichts bewegt.

Und ich vermut',
in dieser Nacht,
bei meinem Blut,
hab' ich gewacht.

Inhalt

1. Kosmos, Natur, Wissenschaft und Technik

Kosmos

Kalt	9
Odyssee 2001	10
Einsteinfrei	11
Ur-Sprung	12
Glockenspiel	13
Das schwarze Loch	15
Der tote Stern	18

Natur

Ruhe	19
Die Beere	20
Honig	22
Lichtflug grün	24
Freiwild	25
Die Wurzel	27
Walfang	28
Die Quelle	29
Ökowut	31
Augenlicht	33
Wipfeltraum	34
Flüstern	36

Blutstaub	38
Schwerkraft	39
Sonnentanz	40
Hüllen	42
Spiegellos	44
Luft	46
Partystaub	48
Der Angriff	50

Wissenschaft und Technik

Stapellauf	51
Fechters Glück	53
Schiebende Hände	54
Niet- und nagelfest	56
Morbus Placebo	57
Eden	59
CERN	60

2. Soziales, Politik, Geschichte

Soziales

Die Galoschenoper	65
Die Galoschenoper (2) Der Schafsflüsterer	66
Über Menschen	67

Freie Qual	68
Bedeutung	69
Augenblick	70
Sozial	71
Nur gefangen	72
Arglos	73
Niemand nirgends dort	74
Freundschaft	75
Trauer	76
Tränen	77
Sorgen	79
Reserve	81
Kartenleger	82
Party	84
Nähe	85
Agape	86
Entfesselt	87
Wortlos	89
Wortflucht	93
Ruh'	95
Ausflucht	96
Eltern	97
Bleib bei deinem Leisten	99
Der Strohhalm	101
Helden	103
Speise	106
Menschenskind	107
Rauchen verboten	110

Politik

Establishment	113
Informiert, abserviert	115
Die Orwellballade	117
Fortschritt du	119
Bürgerrechte	120
Homo Legalitus	122
Blüte	124
Glaub nicht	125
Silberstreif	126
Schwarzes Herz	128
Der Kommunist	129

Geschichte

Vom Liedermacher Wolf	131
Der Protegé	133
Liederwolf	136
Rumpelstilzchen	138

3. Weltsichten: Philosophie, Religionen, Sterben und Tod

Philosophie

Standfest	143
Irrsinn	144
Seele	145
Splitter	147
Seelenquell	148
Stimmen	150
Abgrund	151
Wirklich	152
Erleuchtung	154
Vereitelt	155
Klar	157
Lächeln	158
Mit Worten	159
Siegen	160
Wolkenhände	161
Karmariß	162
Echo	163
Geist	166
Staunen	167
Urteil	169

Religionen

Senfkorn	170
Dharma	171
Erlösung	173

Sterben und Tod

Das Rad	174
Der letzte Schmerz	175
Der Schrei	176
Absturz	177
Ein wenig	178
Pferdefuß	180
Gestank	182
Austherapiert	183
Einmal	184
Jüngstes Gericht	185
Verträumt	187
Enge	189
Walhalla	190
Heilige Hallen	191
Die fernste Stunde	192
Finster	194
Der Sinn	196
Schwarze Blume	197
Der Stachel des Todes	198
Der Blitz	199

4. Antikriegsgedichte

Hunde des Krieges	203
Kriegslärm	204
Fahnenflucht	205
Kriegstanz	207
Hirtenzorn	209
Kosovo Pamphlet	210
Purple Heart	211
Angriffsrecht	213
Gänseblümchenschneider	214
Requiem Amerika	216
Hosenmatz	218
Beute	219
Prävention	220
McSimple	222
Die Bombe	223
Unmut	225
28. August bei Kundus	226

5. Mythen, Zauber, Träume

Eddas Blut	229
Ragnarök	231
Affenwort	233
Das Gespenst	237
Dämmerung	239
Seelenwind	241
Geheim	242
Dunkelzeit	243

Untot	245
Geheimnis	248
Das Ungeheuer	250
Ein fester Traum	251
Nachtmahr	252

Über den Autor

Helmut Barthel, geboren 1951 in Hamburg, schreibt seit seinem achten Lebensjahr. Sein beeindruckendes Werk umfaßt heute weit mehr als 1000 Gedichte und zwei Serien von über 100 Kurzerzählungen über bedeutende Religionsstifter und Philosophen von der Antike bis in die Gegenwart. 2015 erschien der erste Teil seines Romans "Zauber kalt", dem zwei weitere folgen sollen. Die beiden Bände "Dichterstube, Kehricht Band 1 und 2" enthalten alle weiteren Gedichte verschiedenster Formate und Aphorismen, die in den fünf Büchern "Lyrik-Lesung" noch nicht veröffentlicht wurden. Verbliebenes vom Feinsten!

Helmut Barthel arbeitet als Verleger und Chefredakteur des Schattenblick und ist Verfasser nachhaltiger Fachartikel in den Bereichen Politik, Kultur, Philosophie und Sport. Seine Leidenschaft gilt der deutschen Sprache, besonders in verdichteter Gestalt.

Lyrik-Lesungen

Dichterstuben
Eine Auswahl
von Helmut Barthel

Lyrik-Lesung 1
vom 29. Mai 2013
ISBN 978-3-925718-18-2

Lyrik-Lesung 2
vom 7. August 2013
ISBN 978-3-925718-19-9

Lyrik-Lesung 3
vom 30. Oktober 2013
ISBN 978-3-925718-20-5

Lyrik-Lesung 4
vom 4. Dezember 2013
ISBN 978-3-925718-21-2

Lyrik-Lesung 5
vom 12. Februar 2014
ISBN 978-3-925718-22-9

Zauber kalt

Ein Märchen für Erwachsene
von Helmut Barthel

Teil 1 - Bari in Inari

Folgt mir nun auf die Reise in eine ferne Vergangenheit, die der Zukunft doch so nahe ist wie die Worte, die ich gebrauchen werde, um Euch die Begebenheiten meiner Wanderschaft an die Quellen der Zauberei zu erzählen. (H. B.)

ISBN 978-3-925718-23-6

Ein Zimmermann
in der Wüste

Es begab sich aber vielleicht auch ...
Eine heitere Exegese
neutestamentarischer Begebenheiten
von Helmut Barthel

Mit einer Exegese der besonderen Art bietet Helmut Barthel in seinem Erzählbändchen eine ganz neue, humorvolle, bisweilen deftige Sicht auf 14 bekannte neutestamentarische Episoden um den Zimmermann Jesus von Nazareth und seine Anhänger, der ganz ohne Religiosität und Frömmigkeit auskommt. Ein Lesevergnügen und eine Entdeckungsreise sowohl für moderne Christen wie auch für Anhänger anderer Glaubensrichtungen.

ISBN 978-3-925718-24-3